穿出你的影响力

张晓梅 著

晓梅说高端商务形象（女士篇）

中国青年出版社

目录 CONTENTS

第一章【着装篇】

BUSINESS DRESS

第二章【配饰篇】

BUSINESS ACCESSORIES

目录 CONTENTS

第三章【个人护理篇】

PERSONAL CARE

第四章【礼仪篇】

BUSINESS ETIQUETTE

第一章

BUSINESS DRESS

着装篇

第 1 节 职场女性应懂得适时而衣

人们对着装的重视来源于对自我的关注以及对他人的尊重。现代社会的时尚潮流带给女性越来越多的着装选择，女性对服装的选择范围越来越广，但这并不意味着我们可以随心所欲地穿衣，尤其是在商务场合。我始终认为，无论在何种场合，优雅礼貌的人不会因为自己的穿衣方式而让他人尴尬、不舒服，或者给人留下缺乏专业能力的印象。

标新立异是商务女性着装的大忌。女性选择着装时，标准不是时尚时髦，而是得体，应该首先对相关情况进行判断。例如，要去参加的是什么类型的活动？休闲聚会、商业活动，还是狂欢派对？谁会参加这个活动？组织者对来宾的着装有什么期望和要求？什么样的着装会让自己充满自信？

多数场合按要求着装即可

请柬上注明的着装要求会为我们提供很多帮助，它提醒了宾客当天活动的着装风格。假如你还不确定自己该穿什么，最好直接询问活动主办人，或者参加活动的其他宾客。

此外，还应该考虑活动的举办时间对着装的影响。参加正午举办的烧烤派对，毫无疑问应当选择比较休闲的服装；参加下午 6 点的露天晚餐，则要准备较为正式的服装。与商业有关的庆祝典礼通常不会在请柬上标明着装要求，这样宾客就不用刻意换掉日常的职业装。

职场着装要把握好裸露尺度

“端庄”是一个老套但又恰如其分的词语。端庄的人往往具备了举止得体和品位高雅的特质。选择端庄的着装意味着无论在何种场合，展现个人品位的同时也应承担起照顾他人感受的责任。你的露肩领口恰到好处地展现了优雅，还是让你显得轻浮？你穿着大胆的透视装参加商务活动，大家的反应是欣赏还是侧目？与父母和年幼的子女一起去海边度假，适合穿超级迷你的比基尼吗？多问问自己这样的问题，你的直觉可以帮助你选出最端庄优雅的服装。

合体剪裁最能展现女性魅力

一谈到性感，人们会自然地联想到低胸、露脐、吊带等，其实这只是狭义的理解。有些女性的着装没有任何过于暴露的地方，但通过合体的裁剪凸显了身体的曲线，通过完美的搭配和饰物衬托出自身的优点，从而散发出独有的魅力。

至于性感是否有助于事业发展，则要因人而异。如果是一位女人味浓郁的女性，穿得太过生硬，就会和自身气质不相称，让人感觉不自在。而如果是一位性格比较中性的女性，非要打扮得很女性化，也会让人感觉不舒服。

另一方面，有些人很善于利用女性魅力取得成功，而有些人则不然。如果你不能很好地把握分寸，就不要穿得过于性感，不妨穿得职业化一点，这有利于保护自己。

衣橱里应有三分之二是基本款

女性着装可以发挥的空间太大，所以必须掌握一个原则——穿着重点不要超过两样。整体而言，衣橱里应该有三分之二的衣服是基本款。在这些基本款中，还要有五分之一为基本款中的基本款，如白衬衫、黑白外套、黑白裙子、黑色高领羊毛衫等。

第 2 节 职业套装——商务女性的首选

职业套装式样的变化主要取决于上衣，一般以上衣的款式命名或区分品种。过去，套装大多用同色同料裁制，近年来也有用不同色不同料裁制的，但套装总体的造型风格基本一致，配色协调，给人的印象是整齐、和谐、统一，因此非常适合在职场穿着。

西服套装体现专业形象

女性职业装的标准装扮是职业套裙。20 世纪初，职业女性用仿效男士的西装上衣与同色同料裙子相配，形成衣裙配套，后来才进一步演变至衣裤配套。直到今天，一些传统行业仍然认为裙装比裤装更能体现女性的专业形象。所以，职业女性的衣橱里应该准备几套套裙和与套裙搭配的衬衫。

套裙是西装套裙的简称，一般上身是女式西装，下身是半截式裙子。套裙可以分为两种基本类型：一种是女式西装上衣和裙子自由搭配组合成的“随意型”；一种是女式西装上衣和裙子成套设计制作而成的“成套型”或“标准型”。

职业套装讲究 tailor fit，即合身如定做，太宽松的衣服显不出干练。商务女性用来搭配西服套裙的衬衫并不像男士那样有明确的规定，除搭配传统款式的衬衫外，也可以选择无领的衬衫。一般情况下，衬衫可以是纯色的，也可以是花色的，但不要太鲜艳、抢眼。裙子则以紧身的直筒裙或小喇叭裙为佳，皮裙、迷你裙、吊带裙等不适合商务场合。

“随意型”职业套裙。　　“成套型”职业套裙。

职业套装的细节

低彩度提升专业度

和男性一样，最适合商务女性的套装颜色还是藏青色、黑色、灰色以及在这些颜色中加入细条纹。色彩柔和的米色系适合春夏

最适合商务女性的套装颜色。

季。也许你很惊讶，因为商场里女性可以选择的套装颜色非常多，但是在商业环境中，无论男女都应该选择比较传统、保守以及绝对不会出错的专业性颜色。深色套装中，深灰、海军蓝、黑、咖啡、酒红都能体现专业性。有细若游丝暗纹的套装很显气质。浅色套装中，体现专业性的颜色有白、米黄、中度蓝、暗粉红。

高彩度的颜色比较适合在社交场合中穿着，在商务场合中就不太恰当了。在商务场合，你的目标是赢得信任、发展关系，而不是让对方对你的时髦品位留下深刻的印象。如果感觉太过单调，也可利用一些设计简单的小配件，如丝巾或饰品等，为服装搭配增添亮点。

天然上乘的面料体现品位

在面料质地的选择上应抓住两个关键词：**天然、上乘**。一套在正式场合穿着的服装应该由高档的面料缝制，外观上平整匀称，手感柔软有弹性，而且耐穿，能够抗皱、抗起球。

朴素简洁的图案彰显干练

图案朴素简洁是选择套装的重要原则之一。因此，不带有任何图案花纹的套装适合商务女性在任何正式场合穿着。此外，套装上的暗格、条纹等图案也是能够接受的，但是卡通、花草、文化符号等图案不应该出现在商务女性的套装上，这在本质上与套装的风格是相冲突的。

少而精致的点缀才能画龙点睛

套装上的点缀“宜少不宜多，宜精不宜糙，宜简不宜繁”。适当的点缀会有画龙点睛的效果，但过多的点缀往往会适得其反。相对蕾丝、包边等较为素雅的点缀，亮片、金线、彩条等过于抢眼的点缀出现在商务女士的套装上是不适宜的。

选择合体适宜的造型

套裙的造型是指它的外观与轮廓，一般分为宽松上衣紧身裙子的 Y 型；紧身上衣喇叭式裙子的 X 型；紧身上衣宽松裙子的 A 型；紧身上衣紧身裙子的 H 型等。这些造型各有千秋，在具体选择时，应兼顾自己的体型和气质。

选择自如得体的长度

套裙的上衣和裙子的长短没有明确的规定。一般认为上衣最短可以齐腰，裙子最长可以到小腿肚。一般来说，裙短不雅，裙长无神，职业裙装的裙子应该长及膝盖。坐下时直筒裙会自然往上缩，如果裙

Y 型套裙。

X 型套裙。

A 型套裙。

H 型套裙。

子上缩后超过膝盖以上 10 厘米，就说明这条裙子过短或过窄。在国外，还有一个不成文的规则：女性主管的地位越高，穿的裙子就应该越长。

选择小一号的尺码

商务女性着装并非要穿得像个男人，而是强调精致、干练、合体，凸显身体的优美曲线。很多人买套装时，在大一码和小一码之间取舍时就买了大一码的，却不知大一码的衣服会让你完全显不出腰线，也让自己有了继续长肉的空间。如果想让自己看上去瘦一点、干练一点，你应该选择小一号的尺码，但是穿的时候不要扣扣子，这样可以显出身体的曲线，还能使你看上去更具亲和力。

套裙里一定要穿衬裙

穿套裙的时候一定要穿衬裙。特别是穿丝、棉、麻等薄型面料或浅色面料的套裙时，假如不穿衬裙，就很有可能使内衣“活灵活现”。应选择透气、吸湿、单薄、柔软面料的衬裙，而且应为单色，如白色、肉色等。衬裙的颜色必须和外面套裙的颜色相协调，不要出现任何图案。衬裙应该大小合适，不要过于肥大。穿衬裙的时候裙腰不能高于套裙的裙腰，不然容易暴露在外。要把衬衫下摆掖到衬裙裙腰和套裙裙腰之间，不可以掖到衬裙裙腰内，否则衬裙裙边容易露出来。

1 | 3
2

1. 职业裙装应该长及膝盖。
2. 穿职业裙装坐下时，裙长距膝盖应在 10 厘米以内。
3. 衬衫要拥有上乘的质量和优雅端庄的风格。

第3节
衬衫——职业套装的绝配

在女性的商务着装中，衬衫是必不可少的。尽管紧身套头衫也能搭配职业套装，但仍然不如衬衫显得精致、得体。尤其是35岁以上的职业女性，如果把紧身套头衫换成非常合体的开襟衬衫，那么所有的小烦恼，如文胸勒痕、肉嘟嘟而又色泽苍白的上臂，以及凸起的横隔部位都能立刻“消失”得无影无踪。用于搭配商务套装的衬衫要拥有上乘的质量和优雅端庄的风格。

CHAPTER 1

着装篇

选择质地精良的材质

精梳全棉商务衬衫是首选

我之所以把质地放在首位，是因为衬衫品质最直接的体现就是它的面料。一件好的衬衫最大的成本在于面料，唯有当制造商愿意在面料上下足本钱时，才会在细节和设计上下足功夫。

优质海岛棉、亚麻最为柔软、舒适、透气。尤其是双股棉纱布，被视为衬衫面料中的极品，有极为柔和的手感和细微的光泽，非常适合用在正装白衬衫上。这种质地的衬衫不仅触感轻柔，也格外耐穿。纯棉清爽挺括的质感还会抵消下坠的感觉，使体形更加挺拔，很适合亚洲女性。

不少人觉得纯棉衬衫不好打理，这个观点过时了。穿着精心熨烫的衬衫，有一个良好的精神状态，是职业女性本应具备的素质。你也可以送到干洗店请人帮忙打理或者选择纯棉免熨衬衫。现在的新型免熨技术，使衬衫色牢度更好，甲醛含量更低，健康环保，可放心穿着。不要购买那些人造丝或者不透气面料的衬衫，它们穿在身上只会给你带来不舒服和浮华不实的感觉。

至少有一件优雅的丝质衬衫

带有机织条纹或小方格图案的丝质细平布，也能制造出华美的衬衫。其他的丝质面料，如双绉、查米尤绉缎、提花织物，尽管气派妩媚，但由于垂感强，多采用宽松剪裁，在商务谈判等非常正式的场合穿会给人浮华或慵懒的感觉，所以我个人还是推荐多买几件剪裁合体的纯棉衬衫搭配正装，然后再购买一件真丝衬衫，以备在特殊场合穿着。如在工作日早会、约见客户、在外奔走或者其他较为轻松的商务休闲场合，可以利用丝质衬衫穿出随意又优雅的味道。记住解开衬衫最上面的两粒扣子，将下摆塞入腰间，下身搭配及膝铅笔裙或长裤都可以彰显自然又利落的感觉。

衬衫一定要做工精良

衬衫不像外套，质地很厚且有内里，衬衫所有的做工都与你坦诚相见，因此，比起外套来更容易体

棉质衬衫。

丝质衬衫。

现品质的优劣。女式衬衫的做工不像男式衬衫那样要求一板一眼，但一定要注意衬衫的接缝是否对齐、针角是否规整、有没有纽扣缺失等做工上的缺陷。

就衬衫而言，单针车缝的缝线比两道压缝线更好。一般存在这样的误区——两道缝线比单缝线更结实耐用，但事实上，衬衫下水洗涤之后，由于面料和缝线缩水程度不同，两条压缝线之间的布料很容易起皱，有时通过熨烫也不能解决这个问题，会严重影响整件衬衫的质感。

线迹也是一个比较容易看出衬衫品质档次的地方。线迹长度小且整齐，比如离缝份一毫米就是一毫米，不会歪歪斜斜，这样的衬衫品质才有保证。

衬衫的款式和穿搭方法

根据脸形选择合适的领型

蛋形脸：这种脸形在形象设计界被认为是万能脸形，这种脸形的女士适合穿任何一种领型的衬衫，无论是正规型、长领型还是圆领型衬衫，只要配合着装的整体搭配就会达到很好的效果。

方形脸：具有这类脸形的人通常给人比较庄重的感觉，不适合穿小领型和圆领型的衬衫。方形脸的人可以穿长领型和有扣的衬衫，这类衬衫能给人以柔和的感觉。

圆形脸：圆脸的人应注意选择适合自己气质的领型，如圆领型和带蝴蝶结的立领型衬衫。

领型挺括是关键

女士衬衫的领型变化比较丰富，除了根据脸形来选择之外，还应注意，**上乘考究的正装衬衫，一般领子都平整挺括，立体感很强。**而一些品质不够好的休闲式全棉衬衫的领子则没有衬布，洗涤之后就会变得柔软疲沓，无法恢复原形。

品质好的衬衫领子在洗过之后，会暂时有一点皱皱的感觉，但只要经过熨烫就会恢复挺括。注意在

熨烫时，一定不要遗漏衣领背后的衬布，衬布经过熨烫，领子才能保持挺括。

外出拜访客户时应穿有领子的衬衫，颜色可以多些应季变化。如果衬衫过于透明，请不要脱下外套，就算衬衫内有小背心打底也不好。

注意衬衫的袖长

我个人偏爱那种略为夸张的法式花边喇叭袖，可以衬得外套的袖子非常漂亮。如果你的双臂修长，身材较高，可以试试这种搭配。但要注意，这种古典装束正确的尺寸是衬衫的花边喇叭袖要比外套的袖子长出 1.25~1.9 厘米。

注意双臂自然下垂时，衬衫与外套的袖口底边不要呈一条直线。如果你的臀部比较丰满，这种水平直线的视觉效果会使臂部显得更宽更胖。衬衫的袖子一定要比外套的袖子长一些。

单色衬衫、条纹衬衫更适合职场

白、棕、米、粉红等颜色的衬衫比较适合工作场合。

1　1. 适合工作场合的衬衫颜色。
2　2. 条纹衬衫也适合职场穿着。

1 2 | 3

1. 白衬衫用印花丝巾加以点缀，显露灵动风情。
2. 白衬衫与牛仔裤的经典搭配非常适合周末出行。
3. 裤装让职业女性显露干练的一面。

对于条纹衬衫而言，只要条纹之间的间距不过大，线条不过粗，都是可以接受的。最安全的条纹间距是小于 1 厘米，线条极细，是不易出错的样式。淡粉、淡蓝或淡米色竖条纹衬衫显得清新、雅致，适合春夏季职场穿着。

基本款加细节亮点让你脱颖而出

衬衫的裁剪应简洁，但随着时尚潮流不断地推陈出新，一些较女性化的元素也渐渐出现在职业装中，比如花边、皱边及流苏等，都是近年流行的元素，只是千万注意不要让它们大面积地出现在你的整体造型中。

增加时尚感的穿着方式

解开领扣，再解开最上面的1~2粒扣子，打造一种深V字领的效果，可以使人忽略你的腰腹部，而更加关注腰腹以上的部位。

对于简洁款式的白衬衫，不妨考虑用印花丝巾加以点缀，显露出灵动的风情；有丝带装饰的白衬衫可以搭配黑色调的服装，如黑色的小西装外套，可以显得更加干练；如果是周末出行，那就选择一条优质牛仔裤，这是最简洁、最快速的搭配，还可以选择一条亚麻质地的围巾随意搭在肩上，打造出潇洒自信的形象。

第4节 裤装——让商务女性不再“小女人”

女性商务正装中，裤子也是主角之一。裤装让职业女性抛开“小女人”的娇态，显露出干练的一面。裤装如此风靡，原因其实很简单：**长裤很容易与上装融合，直筒长裤比长裙更容易搭配。**长裤搭配不同的上装会呈现不同的视觉感受，比如配白衬衫会显得专业，配大 V 领的针织衫又能体现不凡的气质。而且，只要穿上长裤，就完全不必为走光而担心，腿形如何也不再是问题，一条合适的裤子可以巧妙地美化腿部曲线。比如最受商务女性欢迎的黑色直筒长裤，就能够有效地拉长腿部线条，再配上同色漆皮高跟鞋，就可以立刻获得恰到好处的专业感与时尚感兼顾的效果。

当然凡事没有绝对，长裤也并不适合所有的职业女性。如果你在外企工作，穿着也要根据不同公司的要求来确定。通常在意大利和法国公司，老板们都希望女员工看起来时尚一些，你可以多试试衬衫配包身裙。但如果在美国和英国公司，老板们则并不希望女性炫耀性感，这时候裤装就该隆重登场了。

值得推荐的裤装款式

商务裤装应选择简约款式

选购长裤的原则和裙子相同，即款式越简单越好，百搭且不易过时。适合职场穿着的长裤款式有两种，一种是无褶的，另一种是有褶的。穿这两种长裤时，上衣要穿正式有型的款式，才会显出专业感。无褶的长裤可以搭配毛衣、开衫及背心，特别是与长裤色彩相近的开衫，可以使整体看起来更修长。穿有褶的长裤时，记住要将衬衫扎进裤子里。正装外套也非常适合与这两种长裤搭配。要选择羊毛织物、针织面料等制成的长裤，这些面料不易过时，是很好的裤装面料。

高腰裤不是高瘦女性的专利

高腰裤并非只有高高瘦瘦的女士能穿。我们可以选择前部平坦的宽腰裤（腰头是一整片材料，腰的上沿齐着肚脐或刚刚高于肚脐，下沿齐到肚脐以下最多 2.5 厘米的位置）。如果裤腰的面料加厚一倍，就会产生一种束腰紧身衣的效果，这种裤腰配上垂度良好、不肥不瘦的裤形，就算臀部较胖、腿较粗，也会显得苗条修长些。但是大家不要把我推荐的这种裤腰和以下这两种裤腰混淆了：一种是极其夸张的高腰；另一种是始于20世纪40年代凯瑟琳•赫本、后来又历经了70年代改良的那种系带式裤腰，这种裤腰比肚脐还要高出约3厘米。这种裤腰款型还是留给那些小腹非常平坦的女士吧。

人人适用的美体裤形

这种裤形具体说来就是**面料与胯部和臀底部轻轻贴合，中等或略宽的裤腿一直垂到脚面，可以在视觉上拉长双腿**。到底裤腿该有多宽，应视每个人的身高而定。裤子正面中间笔直的裤缝可以使腿显得修长。身材娇小的女士也可以选择这种裤形，注意选择合适的尺码就行了。

不妨尝试白色裤装

即使臀部宽大、下半身丰满的女士也可以尝试白色裤装，不过一定要满足以下条件。

款型合身：白色以及其他浅色裤装应该比一般深色裤装略微宽松一点，裤子应该与底裤轻轻贴合，不可紧绷。颜色浅又紧身的裤子只会暴露底裤并且显胖。记住，裤子越是亮白，越会把别人的注意力吸引到裤子上。

1 2 3
1. 长裤搭配色彩接近的上衣会使整体看起来更修长。
2. 前部平坦的宽腰裤也是不错的选择。
3. 裤子越亮白，越会把注意力吸引到裤子上。

面料：面料应尽可能是亚光且不透明的。白色牛仔布是不错的选择。

剪裁：一定要不肥不瘦，轻松合体。裤脚千万不要向内收成锥形，不然你的下半身就会像浅色水桶。

裤兜：臀部的裤兜会显胖，尤其是白色的裤兜。最好只有一个不开口的装饰兜，并且去掉所有的口袋内衬。

底裤：穿白色裤子千万不要穿白色底裤，因为白色底裤会很清晰地透显出来。三角底裤也不合适，尤其是臀部和大腿脂肪过多的女性，底裤边痕会很明显，更何况三角底裤没有提束赘肉的能力。应穿肉色的平脚底裤，莱卡面料或弹力纤维都可以很好地贴合小腹和臀部，比棉质内裤更能美化你的体形。

商务裤装的细节秘密

商务裤装宁松勿紧

请记住，**每当你为选择裤子是大一码还是小一码而犹豫不决时，如果面料基本上没有弹性，一定要选择略大一码的。**然后请裁缝把裤腰与胯部稍稍收紧一些，这样整条裤子就会完美贴合你的身体曲线，并且非常有垂感。记住，裤子的任何部位只要有一点紧绷都会显胖。

腰线塑形的秘密

我个人比较偏爱的腰线位置有两种：一种是在肚脐以下至髋部，这个腰线位置适合比较苗条的身材；另一种是在肚脐之下一点，这个腰线位置适合比较丰满的身材。这两种腰线位置都可以掩饰浑圆的腹部，因为裆部中间竖直的缝线纵贯整个腹部，而不是用一整块面料包住，在视觉上抹平了凸出的小腹。但有些品牌还是选择约 25 厘米的立裆长度，使裤腰跑到肚脐以上约 2.5 厘米的位置。他们的思路是把裤腰放在女性最纤瘦的腰间，认为这样才会显得有型有款，其实还有什么裤子能比这种裤子更像“大妈裤”呢？腰线落在肚脐之上，外加一个深长的裤裆，只能使鼓胀的小腹显得更夸张，而绝不会掩盖这个问题。

裤兜也有修身效果

挑选裤子时要确保裤兜出现在美化身材的位置上。如果裤兜口是纵向竖直的，且与裤子的侧缝线平行，会使多数女性的臀部显得更宽。而如果裤兜口是斜裁的，且位于裤子的前部，则可以使身材显得苗条好看。

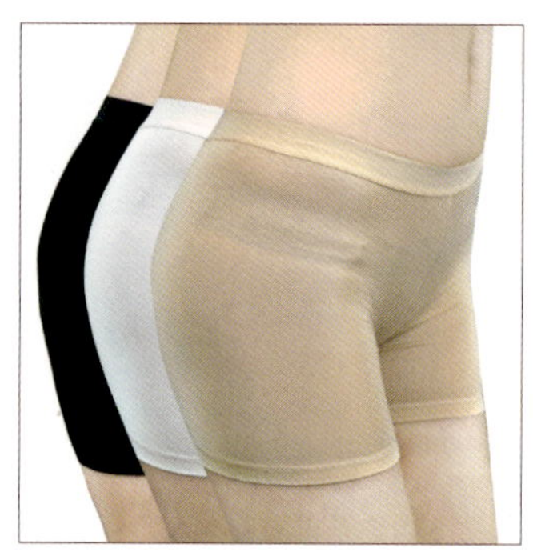

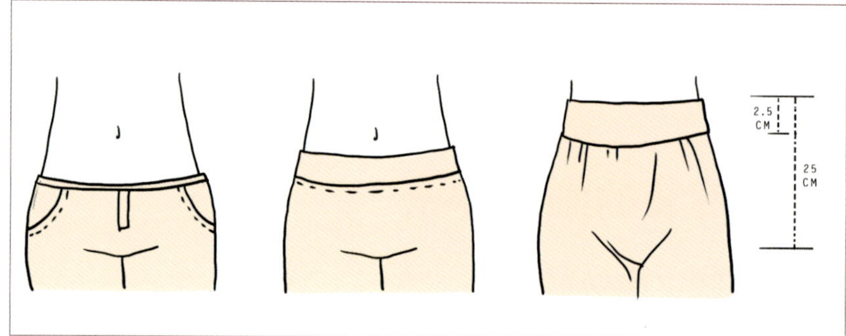

1 2 | 2. 从左至右依次为：腰线在肚脐以下至髋部；腰线在肚脐之下一点；腰线在肚脐以上约 2.5 厘米。

购买时选好合适的裆深

裤裆部分穿起来是否平顺是长裤合身的重点，也是缝制技术是否精良的体现。我实在记不清到底见过多少女性穿着裆深极不合适的裤装了。裆深过浅过紧的话，会使小腹被勒得更鼓胀，大腿上出现明显的褶皱，甚至连私处的轮廓都显露无遗。裆深过深的话，裤子会臃肿下垂，通常意味着整条裤子都太肥，使双腿看上去更短，臀部更大。因此，我建议大家把衣橱里这些式样糟糕的裤子都清理掉，别再穿了。请裁缝重新修改裆深是一项非常烦琐的活计，通常也很少有改得特别完美的，所以一定要在买裤子时就试穿好。

裤装搭配讲究比例与平衡

永恒的着装法则——裤子越瘦，上装就可以越宽松；反之，裤子越宽松，上装则应该越紧致越贴身。

3 4 3. 裤子越紧身，上装就可以越宽松。
4. 裤子越宽松，上装就应该越紧身。

如果你的个头较小，想用鞋底较厚的高跟鞋来提升身高，此时长裤也具有独一无二的衔接作用。因为个子不高的人穿太高的高跟鞋，整体效果会显得比较突兀，而长度到达鞋跟的直筒裤子，则可以将高跟鞋的后跟隐藏起来，营造出“自然变高”的效果。

穿长裤时搭配有跟的鞋子才会较有挺拔感、权威感，与长裤搭配最合适的是中跟鞋。

第 5 节 裙装——远比裤装更正式

女式西装配套裙或者裤子都可以，不过我建议大家还是配裙装，因为在严肃的商务场合，穿裙装更能突出女性的婉约，尤其是外企，认为女士穿裙装比裤装更正式。谈到这点，我想起一条有趣的法令：1800 年，法国巴黎警察总长提议生效了一条法令，旨在对抗女性的着装与男性趋同，禁止女性穿裤装出现在公共场合；1909 年，该法令再次与时俱进地进行了调整：当女性骑单车或手握车把的时候，她们也可以穿长裤……1969 年，在全球女权主义兴盛的大环境下，巴黎议会正式要求当时的巴黎警察总长废止这条法令，而得到的回复是：时尚潮流总是循环往复变化的，总有一天会复古到裙装走天下的，所以现在废止该法令是不明智的……直到现在，这条禁止女性在巴黎穿裤装的法令在严格意义上仍然是有效的。当然，这已成为一大笑谈，不过由此证实了裙装更符合礼仪规范的渊源。

商务裙装的细节之美

得体的裙长

理想的裙长要根据具体的身体比例、腿形条件、裙子的剪裁结构，以及与裙子款式搭配最得当的鞋跟高度来决定。从着装礼仪的角度来说，**在商务场合穿修身的直筒裙比穿长裙显得更利落，斜裁窄身及膝裙则更显女人味**。请注意，裙长如果正好齐着小腿肚，会使小腿显得粗，同时也会使人显得矮胖。还应注意裙摆及开叉都不应高过膝盖 2 厘米。

合体比长度更重要

对于职业女性来说，不管你选择何种裙长，板型都必须在胯部以上完美贴合，既不紧包身体也不松懈起褶。除直身款式外，裙腰应略微松一点。裙腰或腰带越紧，越显得臀部硕大，更不用说腰带上方被勒显出来的赘肉了。裙摆不论是喇叭形还是直筒形，只

要上半部分合体，就会显得身材修长。

商务女性必备的三款裙子

铅笔裙、直筒裙和A字裙，这三种款式日常穿着率是最高的，应选择质量比较好的挺括的面料，如精纺或轻薄的弹力混纺毛料。选择黑色或比较素净的颜色，如深底色有白色细纹的图案。也可以选择柔软垂顺的面料，如平纹织物或真丝制作的不规则剪裁的A字裙、直筒裙。穿这种面料的裙装，只要你快速搭配一下配饰，就可以从办公室直接去赴晚上的宴会。

铅笔裙

也叫弹性窄裙，英文名Pencil Skirts，因其像铅笔一样笔直而得名。这种紧紧包住下身的裙子，长度一般过膝，最好是中高腰过膝，它与衬衫是绝配。千万不要购买长度不够且四四方方的那种西服裙，那种裙子中庸古板，没有一丁点儿的性感味道。在购买时一定要穿上身看看比例。铅笔裙对身材的要求很高，适合身体修长的女性。铅笔裙要搭配合适的高跟

12 1.2. 铅笔裙。

鞋，才能达到展现身体曲线的最佳效果。

直筒裙

直筒裙的腰部一定要合体，臀底部要非常细微地被定型，才能美化身材，制造出像沙漏形状的视觉效果。直筒裙的“冤家”是那些丰乳肥臀的女士，因为这种裙子会在臀围线和下摆之间产生明显且游离不定的横线，和臀部一样宽，非常显胖。

3 4　　3.4. 直筒裙。

A 字裙

这种款式的裙子由几块裙片制成，能立竿见影地隐藏或缩小腰臀尺寸，但要确保整条裙子不紧不松、完美贴合，从腰部向下垂度良好，不然这种款式也会使人显胖。

1 2 3 4

1.2. A 字裙。
3.4. 褶裙。

其他推荐裙款

褶裙

褶裙的褶从平滑的裙腰处开始到臀围线之间都应被缝死，自臀围线以下再放开，这样会使腰腹部比较平坦，又能隐藏丰满的臀部与粗腿。如果裙子前身正中能捏一个比较自然的褶，也能够隐藏腹部的隆起。有定型褶的褶裙通常采用可塑性高的面料，加热压出裙褶，比如百褶裙、褶裥裙等。百褶裙的裙体为等宽一边倒的明褶和暗褶。褶裥裙通常在臀围以上部位有收拢缉缝的裥，在臀围线以下有烫出的活褶。褶裥裙的褶裥一般比百褶裙宽，并富于变化。

包身裙

黛安·冯芙丝汀宝发明的包身裙（Wrap Dress）是一种无扣无拉链、仅凭两条腰带束身、易穿易脱的裙子。自 20 世纪 70 年代诞生之日起，这种包身裙就时常受到争议，一些人认为它根本不算什么设计，另一些人却将它与香奈儿的小黑裙一起列为“20 世纪十大时装发明”。商务女性肯定是最青睐这种裙子的群体，它七分袖，强调腰线，大幅裙摆塑造臀形，最大限度地讨好了女性的身材，无论胖瘦，穿起来都自有风味。V 字领口可随腰带的松紧调节大小，即使包到最紧，那个 V 字仍足够应付下班后商务酒会的优雅着装要求，而白天在外面穿上西装，就是再正常不过的上班装束。

花苞裙

顾名思义，花苞裙就是裙形如花骨朵儿一般。花苞裙宽松、圆润的弧形线条，制造出微微隆起的茧形轮廓。上窄下宽的设计既突出了腰部的纤细，又对下身起到恰到好处的掩饰作用。

注意，**花苞裙的搭配原则是“上宽下窄，上窄下宽”**。搭配花苞半身裙，建议将上衣束进裙子里，才能形成最佳的身形比例。高跟鞋也是不可或缺的配件之一，由于花苞裙轮廓略微有膨胀感，所以需要利用高跟鞋拉长腿部线条达到纤细修长的视觉效果。另外，花苞裙有立体的轮廓感，可以巧妙遮挡臀部和大腿处的赘肉，适合略微丰满的女性穿着。穿花苞连衣裙时，建议还是尽量选择上面修身、下摆为花苞的款式，通体为花苞形容易使人看起来太过臃肿。

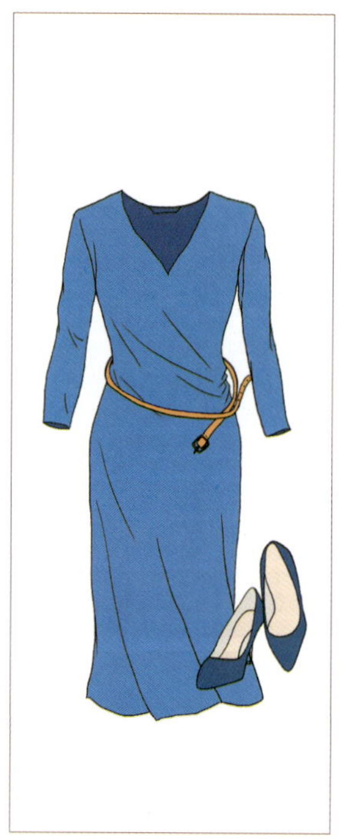

1 2 3 4 | 5

1.2. 包身裙。
3.4. 花苞裙。

第 6 节
内衣——商务着装也要有“内涵”

根据胸形选择文胸

文胸、内裤的尺寸要合体，以保证身体线条的流畅。不要让内衣把身体捆绑得像肉粽子。穿着不合体的文胸，不仅会影响外在形象，更对健康不利。应该根据自己的乳房形状选择适宜的文胸。

胸部扁平、扩散、外溢型

选用集中型的文胸，也就是3/4罩杯的文胸，它能塑造出胸部挺拔的曲线。但要记住，无论如何不能认为冬季可以免穿文胸，否则，再美妙的身材也会走样。

胸部下垂型

要选择比平时大一号的文胸，并尽量选用带钢圈和侧部有加强功能的文胸，使之加强衬托，由下往上地支撑乳房，但要注意，肩带的宽度不能过细。尽量选择全罩杯文胸，因为只有全罩杯文胸才有能力将下垂的胸部衬托起来。

胸部娇小型

胸部娇小可以用功能文胸来弥补，不要认为自己的胸部太小，就可以不穿文胸或者穿较紧身的文胸。市面上有许多健胸的款式可供选择，例如按摩型文胸、能促进血液循环的微元素不织布文胸，另外还可以选择定型罩杯文胸。

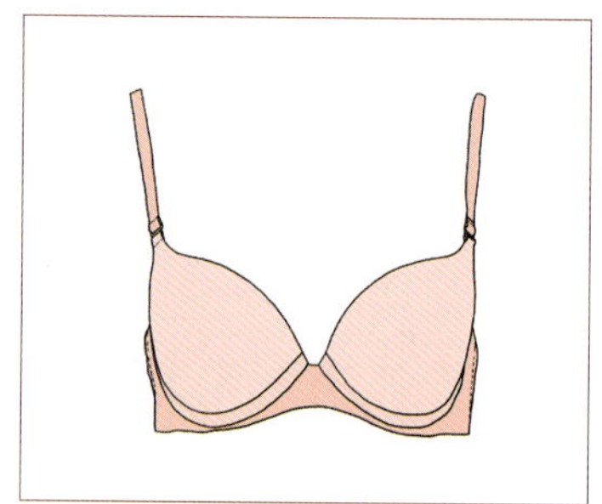

胸部丰满型

胸部丰满的女士最好穿黑色或白色系（乳白、牙白、漂白、灰白等）文胸。中性色或各种灰色系都会减弱丰满女性的光彩，而且，黑色或白色的内衣，与各种颜色的衣服都比较容易搭配。轻、薄、丝质面料的文胸很适合丰满女性。最好不选纯棉文胸，因为虽然棉质有吸汗、透气的优点，但对于丰满体形来说，容易造成臃肿、保守的视觉效果。也最好不选加内垫的文胸，会给人以厚重的造作之感。

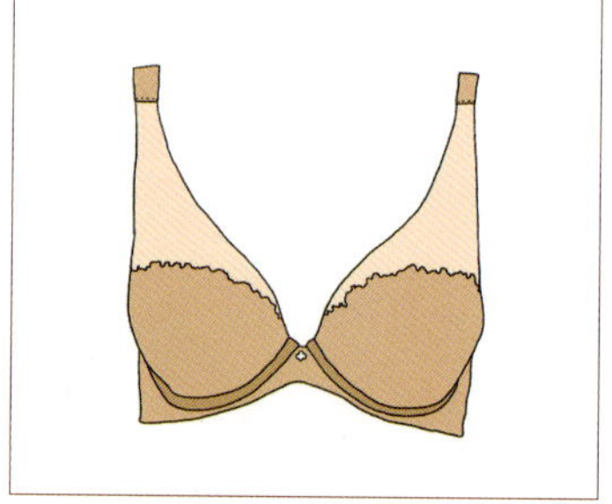

不可小觑的肩带

文胸的肩带也是选择的关键点之一。应该根据自己的身体条件选择合适的肩带款式。

薄肩

肩膀弧度适中，肩部肌肉不厚，锁骨、肩胛骨明显，一般女

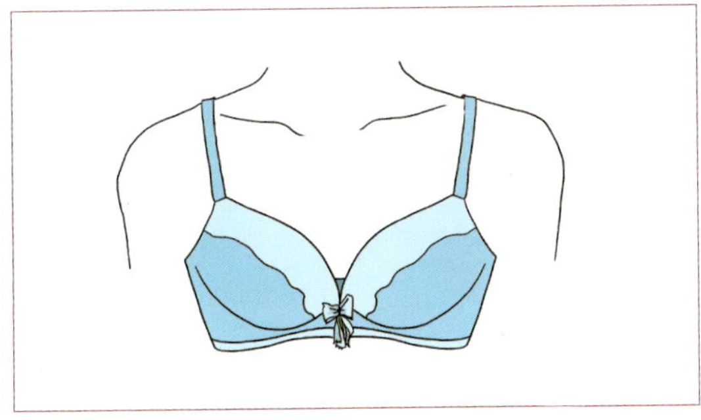

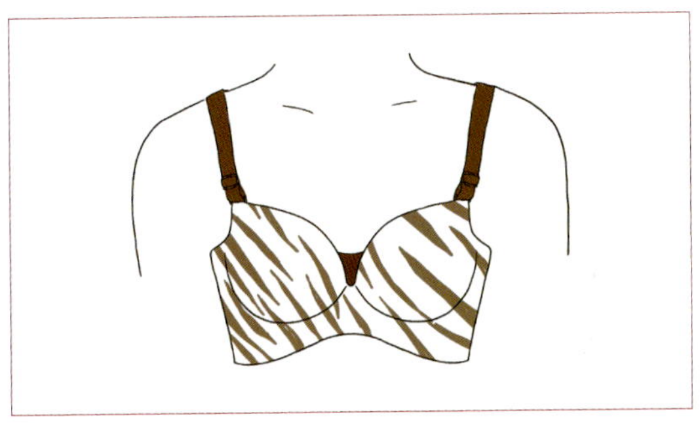

1 | 5 6
2
3
4

1. 胸部扁平、扩散、外溢的女性适合用集中型文胸。
2. 胸部下垂的女性适合用全罩杯文胸。
3. 胸部娇小的女性可用功能文胸来弥补。
4. 胸部丰满的女性最好穿黑色或白色系文胸。
5. 薄肩适合的文胸肩带。
6. 厚肩适合的文胸肩带。

性都是这种肩。选文胸的时候可以选肩带略靠外侧的设计，肩带宽度可以窄一些。还可以选择中间位置的肩带设计，稳定对乳房的提升力。需要注意的是，薄肩体形要让肩带贴住上胸部，试穿时要看看肩带与身体间有无空隙。

厚肩

厚肩指肩膀弧度适中，肩部肌肉较厚，锁骨、肩胛骨看不大出来的肩形。并非只有胖人才有这种肩，骨架大的女性相应的肩也比较厚。这种肩形的女性在选文胸时要选肩带宽一点的，拉力足够，肩膀也舒服。肩带位置最好选居中或靠里侧一些的，太偏外侧容易滑落。此外，肩带前段使用没有弹性的面料，可以更好地提拉乳房，并且不会因穿戴几次后肩带松弛而失去强拉力。需要注意的是，厚肩型女性一般体形比较丰满，选 3/4 或全罩杯加宽肩带的文胸造型效果会更好。

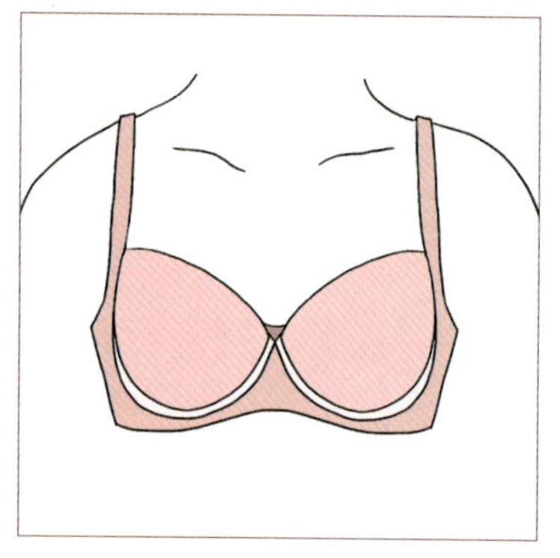

1 2 3

1. 斜肩适合的文胸肩带。
2. 平肩适合的文胸肩带。
3. 肩带在背部交叉的文胸。

斜肩

俗称美人肩，因为这类体形的女性都显得杨柳细腰、婀娜多姿。这类肩膀弧度较大，无论肩部肌肉多不多，肩胛骨都不突出。斜肩与窄肩不同，由于肩部坡度大，肩带很容易滑落，所以最好不选肩带偏向外侧的文胸，要选肩带在中间的款式。穿上后，肩带正好在前后锁骨交叉部位。略宽一些的肩带有利于防止滑落。对于斜肩女性来说，选择背部是 U 形设计的肩带最好。

平肩

俗称将军肩，因为这种体形比较英武，很有气势。这类肩膀弧度较小，肩胛骨比较明显。与斜肩相反，平肩女性戴文胸时肩带不容易滑落。但从胸部造型角度考虑，平肩体形看上去四四方方的，可以通过胸部的调整使体形不那么呆板。如果是窄肩型平肩，可通过戴肩带偏外侧的文胸来使乳房向两侧扩展，这样体形看上去会舒展一些，但要注意使乳房最高点与前锁骨中部在一条线上。如果是宽肩型平肩，就要戴肩带偏里侧的文胸，使乳房集中一些，但要注意别使乳房过于集中，乳沟太明显不适合商务场合。

第 7 节
商务风衣——搭配是关键

风衣给人的印象是优雅、干练的，因而十分适合商务休闲场合。表面采用特殊面料裁制的风衣适合潮湿多雨的天气，可略微地挡风防雨，内搭套头毛衣或各式衣服，容易穿脱，也很好搭配。我发现，相当一部分人不敢轻易尝试风衣，可能他们以为这是高个子的专利。其实只要对风衣有所了解，找到窍门，任何身材的人穿风衣都会非常有型。

风衣的基本款式

经典款风衣

商务女性要打造优雅干练的专业形象，必备经典款风衣：**双排扣修身设计，宽版腰带，及膝长度，厚重挺括的棉质面料以及前置的两个口袋。**选择低调的基本色系，或以格纹款增添时尚品位，内搭素雅衬衫，裙装或裤装皆宜。最具代表性的当属巴宝莉（Burberry）的风衣，长久以来，巴宝莉的风衣以其修身的剪裁、好打理的材质、百搭易穿等诸多特性被公认为时尚界的常青树。充满英伦风情的经典款风衣作为商务百搭经典款，备上一件，春秋冬三季都不愁，并且没有过时之忧。

洋装式风衣

洋装式风衣配宽版打褶腰带，腰部以下略蓬，从后面看就像穿了一件曲线分明的小洋装。这种款式的风衣非常具有女人味，因此，腰带适合在背后系蝴蝶结，才不会显得过于繁复。如果需要将腰带系在正面，又要搭配饰品，最好将蝴蝶结系在侧面，才不会喧宾夺主。

齐胯短款风衣

短款风衣的优点在于既保持了风衣特有的帅气风格，又便于运动。穿短款风衣，里面的衣服最好也选择短款。上短下长的搭配会使腿部显得更修长，也可以搭配贴腿九分裤，稍稍露出一点脚踝，不会使整体过于沉闷。

中性色风衣

卡其色一直是风衣的经典用色。黑色、灰色、棕色、驼色、深蓝色等中性色也都是适宜商务场合的风衣颜色。

穿风衣时，最好将袖子捋成七分或五分袖的样子，会让人显得更加有“范儿”。如果风衣的领子足够硬挺，不妨将领子竖起来，看起来更显干练和权威。

第 8 节 便装外套——商务便装的首选

便装外套也叫便装上衣，在国外也被称作夹克衫。如今，很多成功女性开始将便装外套作为职业装束。便装外套与正装外套相比，颜色上更加明亮，风格上更偏于女性化。便装外套可以和套裙、连衣裙、长裤、长裙、九分裤自由搭配，形成多样化的女性商务便装组合。

不同颜色不同搭配

藏青色外套是首选

如果打算在重要场合穿一件便装外套，藏青色将是最好的选择。这种颜色具有和黑色差不多的权威感，而且还会传达一种友好的、不那么强硬的信息。一件藏青色的便装外套非常百搭。与黑色外套不同，藏青色的外套能够与色彩明快的衬衫或连衣裙搭配。最适合与藏青色外套搭配的是米色的短裙、蓝色的衬衫，有助于传达出“遵循传统，值得信赖”的信息，而且不会显得沉闷。藏青色外套与深色短裙或连衣裙搭配会显得有些压抑，最好避免这样穿着。

中度灰色外套沉稳度高

如果你准备穿一件灰色的便装外套，那么中度灰色将是理想的选择。最适合与灰色外套搭配的短裙颜色有炭灰色、藏青色、带一抹灰的米色、灰褐色、黑色和非常深的栗色。最适合搭配的衬衫颜色分别

藏青色外套是首选。　中度灰色外套沉稳度高。

是：白色、浅蓝色、肉色、象牙白色、栗色、红色、橙红色等。

中度蓝色外套具有亲和力

中度蓝色的外套使人显得很友好，也很职业化。如果从事销售工作，那么这类衣服对你来说是一个不错的选择。中度蓝色的外套也是那些常常需要采访男性商业精英的女记者们的首选，它表明穿着者和被访者是同一类人，却不会对对方构成任何威胁。因此，它是一件很好的日常商务外套，可以帮助你和周围的人形成融洽的关系。适合与中度蓝色外套搭配的颜色有米色、深灰色、中度的灰色、灰米色、灰褐色、驼色、炭灰色。适合与中度蓝色外套搭配的衬衫颜色依次是：白色、淡蓝色、间蓝色、灰米色、乳白色、铁锈红色、淡黄色、栗色、红色和淡褐色。

发灰的米色外套最适合夏天穿

如果你只需要一件夏天穿的薄外套，那么应当选择这种带些灰色的米色。这种颜色能为你增加不少印象分，并特别有助于销售工作。最适合与灰米色外套搭配的短裙颜色依次是：藏青色、中度的蓝色、深灰色、黑色、中度灰色、栗色、粉红色、深棕色和带有一抹灰色的棕色。最适合与之搭配的衬衫颜色依次是：淡蓝色、间色蓝、铁锈红色、栗色、红色、淡褐色和浅蓝色。

中度棕色外套最具信赖感

用毛料或者类毛料制成的中度棕色外套能够让你具有信赖感。这种外套看上去柔软、厚实，代表了中上阶层的品位，而且具有传统的韵味。可以与中度棕色外套相搭配的短裙颜色为：深褐色、黄褐色、米色，以及中度的蓝色。适合与之搭配的衬衫颜色依次为：淡蓝色、间蓝色、淡褐色、米白色、黄褐色、米色和淡黄色。

黑色外套的穿搭法则

黑色便装外套最宜搭配明度低的短裙和明度较高的衬衫。非常抢眼的粉色、玫瑰红或者其他亮色的衬衫搭配黑色便装外套会让鲜亮的感觉变得沉静，并带来一点严肃的味道。但这样的搭配还是显得不够职业，会让人把关注点放在你那过于亮丽的衬衫上。

最适合与黑色便装外套搭配的连衣裙颜色依次为：米色加上灰色点缀、浅灰色、浅蓝色、中度灰色和栗色。在为黑色夹克衫搭配连衣裙时，你需要那些色彩鲜明但不会与黑色构成太大反差的颜色。

便装外套的材质选择

斜纹软呢外套优雅一百分

斜纹软呢外套的颜色通常有黑色、米色、浅粉色、蓝色、灰色、蓝灰色和中度的棕色等。香奈儿风格的斜纹软呢外套使穿着者显得既高效又友好，而且还流露出中上阶层的品位，唯一的缺陷就是不能使女性在应对男性时显得有权威感。

商务外套应避免亚麻材质

强烈不建议在商务场合穿亚麻外套——只需穿上几个

米色系外套适合夏天穿。

小时，这种材质的衣服就会变得像没有整理过的床铺一般皱皱巴巴。所以在买便装外套之前，把衣料放在手里揉捏几下，如果产生的褶皱没有很快消失的话，那就放弃它吧。

第9节 针织衫——商务着装的补充品

相对男性来说，商务女性在日常工作时可以穿得休闲一些——但不要看到“休闲”两个字就误以为可以随便穿。工作场合仍旧不可以穿牛仔裤、吊带背心、短裤、波西米亚长裙等。可以考虑比较休闲的套装、针织衫搭配中膝裙、西裤、连衣裙。这种风格的着装仍然是商务装，但是没有正装那么严肃、庄重。

针织衫很容易穿出 “型”来，而且没有严格的季节性，能轻松自如地和很多服装搭配，非常省事。但上班穿针织衫，可不能像一个全职主妇般随意不拘。

针织衫挑选要领

职业装针织衫应选择精纺细纱

太厚实的粗绒线毛衣及手工编织的针织衫，往往容易变形和过时，而且风格过于休闲，很难和西装及商务便装搭配，不适合商务场合。**应该选择质地轻柔、羊毛含量在 50% 以上的精纺针织衫，**一来质地轻薄，彰显品质；二来薄而不透，织法细密，不容易褪色、掉毛、起球，更适合与其他衣服进行搭配。

针织衫的颜色选择

中间色是商务便装的典型色彩，这类颜色最能体现专业感和权威性。冷色调肤色的女性可以选择黑色、白色、红色、藏青色、紫红色、灰白色。暖色调肤色的女性可以选择深褐色、黑色、暖红色、象牙色、凫蓝色、锈红色或奶油色。另外，黑色被认为是一种基本色，但是暖色调肤色的女性需要在靠近脸部的地方用更柔和、更明亮的颜色来加以衬托。

针织衫穿搭方案

针织衫的经典搭配方案

方案一：西装 + 针织衫

男性通常不能把商务套装拆开分别搭配，而女性则不存在这个问题， 她们可以将套装重新组合，而且效果也会很好。最实用方便的搭配是针织衫与西服套裙的组合。另外，外面搭配西装穿着时，里面最好穿七分袖、短袖或无袖的针织衫。

方案二：长裙＋针织衫

除了千篇一律的西服套装，女性还可以有其他的搭配组合，例如柔软的长褶裙配针织衫或开襟羊毛衫，既优雅又让人耳目一新。这样搭配的针织衫应该选择高品质的羊毛、开司米、棉或者是丝混纺材质，表面光滑，定型性能好。

针织衫搭高腰铅笔裙，这样的穿着很适合出入办公室，灰色和黑色的针织衫能够加强女性的专业感。

另外，巧妙应用小饰品也是个好主意，针织衫组合中有了丝巾的点缀会非常出彩，搭配大号项链或高档胸针能展现优雅的气质与形象。

针织衫可与西服套裙搭配。

1 2 3 1.2.3. 针织衫搭配合适的饰品打造出优雅气质。

避免针织衫的错误穿法

过于宽松或偏大尺寸的针织衫，会显得太过休闲，不适合在办公室穿着。

针织外套不适合与针织打底衫搭配。如果不是特别瘦的人，里外都穿针织衫，看起来会显得沉闷又笨拙。

身材丰满的女性记得不要穿粗线织成的或是有很多垂坠装饰的针织衫，这些都会显得人更胖。尤其是粗线衫，会显得胳膊更粗壮。最好选择那些合身且款式简单的细线针织衫，里边穿件质地薄且柔软的打底衫即可。

脖子短粗的人不适合穿高领针织衫，应该选择细线织成的 V 领或低领衫，也可以选择领口宽松可以垂到胸线位置的款式，此类款式可以和缓地勾勒出脖颈曲线。

偏瘦的女性原本是比较适合穿针织衫的，但有些溜肩的女性在选购时要多注意，可以选择肩部有装饰或公主袖的款式，这样能改善下垂的肩线。

装饰很多或细节繁复的针织衫既不容易与其他单品搭配，也会因为时尚的变化而容易变得过时。款式简单的针织衫配上华丽的打底衫或衬衫就很好看。

第 10 节 连衣裙——商务便装的百变皇后

女人穿连衣裙的历史由来已久。虽然有很多不同的表现形式，如日本的和服、印度的纱丽、中世纪欧洲的长袍和现代的衬衣式连衣裙等，但这些都可归入“连衣裙”的范畴。正如美国设计师黛安·冯芙丝汀宝所说，要感觉像个女人，请穿连衣裙。1977 年，年仅 26 岁的黛安设计出一条不用拉链的针织包身裙（Wrap Dress），由此一炮而红，连衣裙也从此得到前所未有的关注，甚至成为 20 世纪 70 年代的一种标志和文化现象。几十年后的今天，连衣裙被时尚大师们赋予了更丰富的语言，唯独不变的是它那浓浓的女人味。

20 年前，人们还普遍认为，一位穿连衣裙的女性是不具备权威感的。而今天，非常多的成功女性喜欢穿着连衣裙出现在公众面前，因为连衣裙传递出的讯息已经发生了改变，而这种改变来源于女性社会地位的整体提升。当一位女性穿上连衣裙的时候，她通常不会受到轻视，除非这件衣服显得太幼稚、太女性化或者太性感而不适于商务场合穿着。不过还是要记住，作为管理者的女性，一定要选择高品质、高品位的连衣裙。

颜色和质地

颜色赢得信赖感

适合商务场合穿着的连衣裙颜色可以是深蓝色、藏青色、茶色、米色、中度的蓝色、灰棕色、深棕色、铁锈红、乳白色、中度的灰色、灰蓝色等。

一些被强调的设计有时也很有效果。例如，带一条白色绲边的藏青色连衣裙，带橙色条纹的棕色连衣裙等。在这些被强调的颜色占到整体 20% 以内的时候，是最合适的。搭配协调的话，能让他人更加重视穿着者的存在，同时还不会削弱穿着者的职业形象。在选择连衣裙时，首先考虑的应当是主体颜色，它一定是保守的、传统的，同时显示出高品位。

慎选黑色连衣裙

黑色连衣裙属于一个很特殊的类别。它在很多女性身上的测试效果并不理想，原因是它过于考究，不适合在办公室里穿。我的建议是，除非你的身份非常尊贵，或者对于着装有自己的一套见解，否则还是应当远离黑色连衣裙。这种衣服通常显得过于正式、过于庄重，不太适合穿到日常工作环境中，更适合当作小礼服穿到特定场合中。

1 2 | 3 1. 连衣裙与西装外套搭配出正式风格。
2. 连衣裙与针织衫搭配出休闲风格。

毛料是连衣裙的最佳材质

视觉感厚重的毛料，比如斜纹软呢、人字呢、华达呢就很好。棉和一些混纺布料的效果也不错。而天然纤维比混纺布料更能显出品质感。

连衣裙的搭配

加件外套更有职业感

如果希望自己看起来更高效更职业化，可以在连衣裙的外面穿上一件外套或针织衫，外出时可以加一件及膝风衣或大衣。

简约连衣裙易搭配

款式越简洁的连衣裙越百搭。通过改变配饰，我们可以轻松转换不同风格。想要比较正式的效果，可以搭配一双正装鞋及较正式的包包、腰带及首饰。包头鞋、鱼嘴皮鞋、牛津鞋、船鞋、短靴、平底皮鞋等都有这个效果，而运动鞋、罗马凉鞋则没有这个效果。

相对的，如果想要比较休闲的效果，可以选择时尚感较强的单品进行搭配，例如猎装外套、异域风格印花丝巾、休闲风格的腰带、时尚感强的首饰、船鞋、平底鞋或帆布鞋等。

第 11 节 商旅着装——精简、精致、巧搭配

经常进行商务旅行的人，想既有效率又兼顾实用地准备行装，要精选适合携带并百搭的优质单品，这需要统筹的眼光和一定的搭配技巧。下面是一些准备行装的基本策略。

商务旅行的形象策略

先决定主要场合穿的服装

出发前，考虑一下这次出差要出席的最重要场合是什么，是否需要做汇报，会议的性质是什么，出席者都有谁。场合的性质决定了你需要携带的主要服装，其他服装的选择都以能搭配主要服装为原则。

着装篇

重要服饰以中性色为主

出差时最重要的几套服饰建议以黑、白、灰、米、褐、深蓝等中性色为主，特别是最主要的套装与所有的下半身服饰都最好是中性色。一般来说，只要以中性色为基础，一套套装，一条能与套装搭配的裙子或裤子，以及几件上衣单品，就足够应付一周的行程了。另外，提包和鞋子要能和所有的服装搭配。

出差时服饰变化技巧

建议多带几件有特色的上衣与主要服饰相搭配，首饰与丝巾也是使造型多样化的好帮手，而且轻巧不占空间，很适合商务旅行。另外，也可以携带多功能的衣服，如休闲、正式皆可穿的上衣，或开会、晚宴都适合的长裙。

机舱内的装扮

无论什么季节、无论目的地是哪里，机舱里是一个保持恒温的地方，针织外套或大披肩等“轻量级”的保暖装备必不可少。乘飞机时的穿着不但要品相精致，还要柔软舒服，还需要一个携带方便的包包来装随身携带的重要物品和衣物。总之，原则就是，一切要精简、精致，还要达到最大限度的舒适和方便。

实用的收纳袋

经常出差的人可能会有这样的尴尬：到了酒店就开会，晚上回到房间才发现一些零碎的小东西忘带了，再找商店重新添置很是麻烦。

可以准备一个分层收纳袋，带挂钩的设计可以将它方便地挂在酒店的卫生间里，使零碎东西不会散落遗忘在酒店里。收纳袋有很多隔断，可以将化妆品、洗漱用品分开放置，以免香水、洗发液等渗出，弄脏衣物。

出差一周的着装搭配建议

所带衣物

套装：黑色套装、浅褐色套装、粉色连衣裙。

上衣：浅褐色针织背心、白色丝质衬衫、黑色高领衫、浅蓝色两件式针织衫。

鞋：黑色平底鞋、晚宴鞋、与衣服色彩相配的中跟包头鞋。

配饰：大披肩、适用于不同场合的商务手表、珍珠项链、商务提包、晚宴小包、太阳镜。

使用清单

	第一天	第二天	第三天	第四天	第五天	第六天	第七天
上午	出发：黑色高领衫搭配黑色长裤、大披肩	开会：浅褐色套装搭配浅褐色针织背心	自由活动：浅褐色套装裙子和蓝色针织衫	午餐会议：浅褐色套装裙子、黑色套装上衣、高领衫	逛街：浅蓝色两件式针织衫、黑色长裤	自由会谈：黑色套装长裤、白色丝质衬衫	回程：黑色长裤搭配黑色高领衫、大披肩
下午	同上	鸡尾酒餐会：粉色连衣裙、珍珠项链	晚餐会议：黑色长裤和白色丝质衬衫	同上	同上	同上	同上
配饰和鞋	黑色平底鞋、手表、太阳镜，晚餐时换成包头鞋	白天：包头鞋、手表。晚上：晚宴鞋、晚宴小包	包头鞋、珍珠项链、商务提包	包头鞋、手表、商务提包	黑色平底鞋、珍珠项链、太阳镜	黑色平底鞋、手表、商务提包	黑色平底鞋、手表

行李箱整理有学问

整理行装对很多人而言是一项挑战，因为你的穿着必须适应或长或短的行程，必须适合多种场合，但是又不能把所有可能用上的衣物都带去。无论是三天还是三周的旅行，都必须考虑轻装的同时又能穿着得体。

1. 带你喜欢穿的衣物。不要把那些至今都没派上用场的衣物带去旅行，因为如果你在家里不会穿它们，在外面同样也不会穿。所以，只带上你最中意的衣物。

2. 要注意整体搭配。所带衣物要能互相搭配起来穿，以便用尽可能少的衣物满足尽可能多的穿着需要。

3. 带针织而不是棉质的衣服。针织的衣服比棉质衣服更抗皱。带深色衣服而不是浅色的，因为它们在穿第二次的时候不容易看出有褶皱。带印花的而不是单色的衣服，它们同样也不容易显出褶皱。

4. 用两件薄衣服代替一件厚衣服。一件厚布料的上衣在有限的行李箱中很占地方，两件薄上衣套起来穿同样保暖，但占用的空间更小，还易于搭配。

5. 无论旅行时间多长，带的鞋都不要超过三双，两双在你的箱子里，一双在你的脚上。遵循这一规则可使你更慎重地考虑搭配问题。

第 12 节
性感着装不适合商务晚宴

众所周知，在职场上不宜穿着过于暴露，但装扮恰当却并非人们想的那么容易，尤其是参加一些商务晚宴，怎样穿着才能得体又不失礼呢?

按照惯例，参加晚上 8 点以后的正式活动应该穿晚礼服。但西式长礼服大多是袒胸露背的款式，选择这类礼服时，我们应该小心一些，不要过分暴露。我的一位女性朋友就有过这样的经历：在一家跨国公司举办的正式商务晚宴上，作为客户总监，她身穿一件黑色深 V（低至腰际）礼服出现在同事面前。结果如何呢？她回忆说，“我看见 CEO 的目光一直落到我的乳沟里。还有一位男性客人当晚称赞我所穿的礼服，但其实呢，我自认为得体的服装在他看来只不过是为了吸引人们的注意力。从那之后，我再也不穿这种类型的礼服了。”

像颁奖晚会和为客户举办的鸡尾酒会之类的场合往往会模糊职场上的规则——包括着装规范。由于男士们的礼服一般都中规中矩，不会太出格，因此往往是女士们的衣着暴露得太多，给客户或同事带来轻微的局促，甚至严重的误解。

也许你会说，无论是在红地毯还是 T 型台上，各界名流和明星不都是袒胸露背吗？其实这是一个含混的信息。同样是晚宴或颁奖典礼，名流、模特的着装与商务人士的着装是有区别的。**那些低胸、曲线毕露的衣服尽管让人魅力四射，但它们只是成功展示出韵味十足的女性形象，而非职场商务形象。**在我们的文化中，女性和权力之间存在一种很微妙的关系，因此，过于性感的衣着对于女性管理者往往是个陷阱。

过去，我跟大家有着同样的困惑：为什么商务场合有这样那样的着装规范？现在我明白了，着装规范是为了限制人们在商务场合穿着走样。著名大脑研究专家、《女性智力》(The Female Brain)的作者卢安·布里丁尼(Louann Brizendine)就曾说过，脑后部的皮层负责在周围环境中搜索优质伴侣。男性脑部“追求异性区域”的部分比女性的对应部分大一倍。因此，女性身体的暴露比年收入增长更能引起男性注意。这种对暴露衣着的直接反应，人类在短时间里还不可能改变。

也许很多女性会提出反对意见：这是上天赋予我们的权利，我们可以将专业和性感融为一体。而事实上，男人们可不这么想。如果女性穿着暴露，那么男性眼里就只看到与性相关的事物了。因此，在商务晚宴或工作性质的社交活动中，女士穿着较为保守的晚礼服、小礼服或裙套装礼服会更为得体。

第13节 晚礼服——商务宴会着装的镇场之作

关于女士礼服

说到礼服，我想起十多年前刚开始举办中国美容时尚周的情景，其中的压轴戏——颁奖盛典是最让女士们兴奋的时刻。除了见证行业精英们一年来的辉煌成果，更重要的是可以充分展示美容界名媛们的盛装风华。那个时候，需要穿正式晚礼服出席的场合并不太多，以至于有朋友开心地对我说："我精心准备的晚礼服就是为了在你的活动上好好秀一秀！"如今，随着时代发展，越来越多的商务酒会、庆典要求来宾盛装出席，礼服已经不是日常生活中难得一见的新奇事物。

女士礼服的种类

女士礼服分日间礼服和晚间礼服，晚间礼服又分为小礼服、准礼服和正礼服。不同晚礼服的差别主要在裙长及露肩、露背的程度。我

1 2 | 3

1. 日间礼服。
2. 小礼服。
3. 准礼服。

们平常所说的晚礼服是指准礼服和正礼服。后文中提到的晚礼服均如此。

日间礼服

日间礼服也称晨礼服、常礼服，例如出席英国威廉王子大婚典礼时王室名媛们的穿着。穿日间礼服，女士不能戴过于闪亮的饰品，衣着也以偏向套装的礼服为主，不宜露出太多皮肤，大多数应该只露四肢，腿部不能露到膝盖以上。礼服颜色不宜太过跳跃，一般以同色系搭配。

日间礼服中，用途较广的是裙套装礼服，这也是职业女性参加商务庆典仪式时常选择的服装。裙套装礼服可以显现优雅、端庄、干练的职业女性风采。与裙套装礼服搭配的饰品以珍珠为首选，体现含蓄庄重的韵味。

晚间礼服

晚间女士礼服有比较大的选择余地，但是裸露程度要分场合。颜色上基本没有限制，除非晚会本身有要求，但要搭配合理。

小礼服

在晚间或日间的鸡尾酒会、正式聚会、仪式、典礼上穿着的礼仪用服装。裙长在膝盖上下 5 厘米。与小礼服搭配的配饰适宜选择简洁、流畅的款式，着重呼应服装所表现的风格。

准礼服：一般用于文化氛围较浓的场合，比如音乐会、时尚晚会、小型舞会、婚礼等。准礼服不强调露肩或露背，但应该是无领或无袖的，裙长要过膝。

正礼服：正礼服是晚上 8 点以后穿着的正式礼服，是女士礼服中最具特色、充分展示个性的类别，又称晚礼服、晚宴服、舞会服，主要用于非常正式、大型的晚会及宴会。款式上的要求比较多：无袖，露出锁骨、肩、背，主要是为华丽的首饰留下表现空间。裙长及地，因为在西方传统观念中，女人的双脚和她的私处一样，是贞洁的象征，不宜裸露在外。这一观念直到 20 世纪流行光脚系带子的晚宴鞋、凉鞋和露趾的镂空鞋之后才逐渐消失，但裙子越长越正式的观念依然存在。

挑选最适合自己的晚礼服

选择专属自己的晚礼服

雪纺、轻质绉纱和丝缎是四季皆宜的晚礼服材质。出席冬季举行的活动也可选用丝绒、羊毛或者羊毛混纺、羊绒等质地的礼服。有一些经过特殊处理的闪光面料，如果运用得当，也会让你光彩夺目。

切忌任何会损害晚礼服优雅感的设计细节，比如过多的珠饰、褶皱、过于繁复的用色及图纹。

挑选深色或中性色的晚礼服，以备能够出席不止一种场合（只需每次更换配饰）。

西方女性的胸高点位置较高，胸部丰满者的比例亦高，低胸晚礼服能够凸显这一优势。中国女性的胸高点位置相对较低，体形曲线起伏亦小，所以，即使穿了低胸的晚礼服，效果与西方女性相比也迥然不同。

范思哲雪纺礼服

最能凸显身材优势的是一身雪纺或缎面的斜纹剪裁晚礼服。斜纹剪裁使礼服更贴合身体，使线条更为流畅，同时也比纵向剪裁的礼服更易穿着。最具代表性的当属范思哲雪纺长裙。

中国元素礼服

穿中式礼服，也是一种比较保险的穿法，剪裁精美的中式礼服足够正式。但传统旗袍非常考验穿着者的古典气质，稍有不慎就会很像酒店服务员，所以选择带有中国元素的中西结合的晚装款式更为明智。

带有浓厚东方文化底蕴的三宅一生立体派褶皱，平放的时候就像一件雕塑品，呈现出立体几何图案，

1 2

1. 正礼服。
2. 范思哲雪纺长裙。

穿在身上又符合身体曲线和运动的韵律，完美的色彩感觉也非常适合晚宴的气氛。

晚礼服的搭配

晚礼服的配饰选择

传统晚礼服款式多为收腰线的合体长裙，变化主要在肩部、背部和胸部。由于晚礼服较为裸露，配饰就成为晚礼服着装中必不可少的一部分，可利用配饰的质感和造型形成互补互衬的整体效果。晚礼服的配饰有披肩、手袋、首饰等。

首饰：如果晚装是素雅的白色或黑色，细节修饰很少，可选耀眼的首饰相配。如果晚装上已有不少刺绣、珠片、花朵的设计，那么不戴首饰更别具一格。一般来说，奢华的黄金、雍容的翡翠、优雅的珍珠、璀璨的钻石，这些饰品的巧妙点缀可以营造出不同的气氛。尤其是“宝石之王”钻石，不但高贵，而且具有繁简皆宜的特点，非常适合搭配晚礼服。

披肩：室内披肩，质地以真丝、纱质、缎质为主，突出亮丽、润滑的质感，衬托雍容华贵的气质，可以出席各种场合，如大型宴会、酒会、演出。穿晚礼服出场，搭一条披肩，既是装饰又可以弥补晚礼服的某些不足。如果觉得晚礼服色彩过于黯淡，可以配一条亮色披肩，起到画龙点睛的作用。这种披肩一般不能真的披在肩上，只需要搭在臂弯处作点缀，即可自然流露出高雅风度。

手袋：选择手袋要注意与晚装风格、颜色相配，一般选择小巧、面料带有光泽的手袋。玻璃

1 | 2 1. 中国元素礼服。
2. 正礼服。

纱压褶而成的精巧手包，会为简洁裙装增添华美的古典韵味。

晚装鞋：一双正式的晚装鞋至少要同时符合几个要素：华丽感的质地，如缎子、闪光皮革；有亮片、珠管、流苏甚至珠宝等装饰；尖头或露趾。

晚礼服搭配内衣有讲究

款式：晚礼服有低胸、露背、塑身等款式，分别需要搭配不同的内衣。选好礼服之后，再根据礼服的款型有的放矢地选购内衣。

颜色：最保险的是穿肉色或者和外衣同色的内衣，现在内衣也可以适当外露，这时就可以选择撞色系的内衣颜色。

舒适度和安全系数：参加重要活动时，不要轻易尝试平时没有穿过的内衣，应该提前试穿一天，看看有没有问题。

“隐形”内衣

这是一种不需要肩带和后带就可以紧贴乳房、完全无痕设计的隐形文胸，被视为穿小礼服、吊带和背心的最佳内搭，深得女士们的青睐。隐形文胸分为两层，内层接近皮肤，带有黏性，黏性的好坏和内层使用的胶水直接相关；外层没有黏

性，款式和材质可以有所变化，可以用硅胶或布料。

不适合戴隐形文胸的人群

1. C 罩杯以上的女性。硅胶文胸本身有丰胸效果，而且比布料文胸重，戴上后会让丰满的胸部显得夸张。

2. 胸部严重下垂的女性。隐形文胸不能矫正胸形，对下垂的胸部起不到美化作用。它的聚拢效果还可以，对胸部外扩的女性才有用处。

3. 哺乳期的女性不要选用。隐形文胸里的胶水对身体会有一定影响。

普通内衣

普通内衣不可以配搭礼服？这种传统观念要改改了。现在市面上有不少新款的内衣，有着闪亮的肩带、简单的托胸效果、礼服面料的运用等特别设计，一样可以搭配礼服，不过穿着时要更加讲究技巧。

用普通内衣和礼服和谐搭配，有以下几种方式。

1. 露肩带法。肩带要选择黑色、白色或者鲜艳的颜色，切忌用肤色。与礼服同色系的肩带外露，比较低调和沉稳；与礼服撞色系的肩带外露，相对高调，显得俏皮可爱；选择相配的装饰性肩带，如链条式、饰钻装饰或者特殊图案的肩带，引人注目但又比较含蓄。如果用普通肩带，记得避免把 8 字扣露出来。

2. 抹胸配搭法。最好选择蕾丝面料的抹胸，搭配低领或者透视装的礼服，露出一点点蕾丝花边，会有一点小性感。

3. 简单塑形法。礼服很多都是大开领或者低胸设计，这要求穿着者有优美的胸部线条和迷人的乳沟。这时候，身材较丰满的女性可以用侧面加垫的文胸，胸部单薄的人则需选向上拉力强、下面有软垫的文胸。

用普通内衣搭配晚礼服，可以这样组合。

1. 低 V 款礼服搭配超低脊心位的内衣（最好有蕾丝装饰）。

2. 一字领礼服搭配 1/2 罩杯或者抹胸型内衣。

3. 露背装搭配背后胸带可以拉低的内衣。

晚礼服的认识误区

误区一：过分强调露背

美丽的背部曲线，总是给人遐想的空间。但如果肩宽，背部有痘印或伤疤、明显的痣，或者是上半身有些丰满的女性，是不适合穿露背礼服的。建议背部有瑕疵的女性在背部打一些高光粉或自然色的粉底液。

误区二：“闪”的晚礼服才是最漂亮的

带有亮片、烫钻的礼服最大的特点就是在光线照射时，能折射出钻石般的熠熠光彩，这的确很漂亮，但也很昂贵。随着礼服上闪亮点的增加，价格也是成正比地飙升。国际一线品牌一件纯手工的镶嵌亮片礼服往往价值数万元，所以我们还是要考虑到性价比，以实用为主。

手工刺绣的真丝面料短裙也是非常不错的选择，即使在晚宴上亮过相，日后还是能在与朋友外出用餐、听音乐会的时候穿，而且价格比较合理。

误区三：皮草披肩尽显奢华

晚礼服要的就是奢华的效果，而皮草往往能满足这个要求。但如果这个度把握不好，会让人觉得俗气和老气。**建议 30 岁以上的女性在穿晚礼服时可选择皮草披肩，而 20 岁出头的女性可选择一些局部皮草的配件**，如拼接的皮草背心、皮草围脖等，既不失品位，又可突出年龄优势。

第 14 节
小礼服——商务晚宴首选着装

小礼服以小裙装为基本款式，具有轻巧、妩媚、舒适、自在的特点，是适合在众多社交场合穿着的服装，例如商务酒会、公司年会等。

小礼服的雏形产生于 20 世纪 20 年代女性出席鸡尾酒会时穿的一种裙子，款式为直筒松身，裙摆到膝盖，并配上礼服小帽、手套和小手袋，所以也被称为鸡尾酒服。当时，小礼服是一种比较受欢迎的日间穿着的服装，后来逐渐演变为日间、晚间都可穿着的现代小礼服。

现代小礼服的风格多种多样，款式也非常丰富，如抹胸裙、吊带裙、斜裙、收腰包身裙、背心裙、迷你裙、蛋糕裙、鱼尾裙、褶裙、筒裙等。制作小礼服的材质也很多，如雪纺、纯棉、蕾丝、真丝、羊毛、亚麻、绸缎、牛仔布、皮质等。

总的来说，适合商务场合的现代小礼服，裙长一般在膝盖上下 5 厘米左右，应用华丽、有垂感的高档面料以及贴身的剪裁设计，色彩明快、单纯，如白色、淡粉色、天蓝色等，黑色也比较常用。

永不褪色的经典款

小黑裙

1926 年，香奈儿在美国时尚杂志《VOGUE》发表了一件简洁的直身短装黑色礼服图片，这件衣服只有少量的对角线作为装饰，《VOGUE》杂志称之为“时尚界的福特 T 型汽车”，评论说这种黑色小礼服适合当时所有社会阶层的女性，并且预言这种小礼服会成为女性必不可少的服装。如今这个预言成为现实。

这款小礼服还有一个专有名词——LBD（Little Black Dress，译为小黑裙或者黑色小礼服）。如今，小黑裙成为很多女性衣橱中绝对不会出错的基本款。穿着小黑裙时，应适当用亮色加以调节。黑与红、

黑与白是永恒经典的搭配；黑与浅黄、橘黄的组合会产生摩登感；黑与蓝搭配显得深沉、冷峻；黑与金搭配显得高贵、端庄。穿着黑色服装是最需要强调妆容的，如果脸上的妆容太淡，会给人一种沉闷的感觉。所以，穿小黑裙时，为了避免沉闷，可以配红色唇膏或是砖红色的腮红。

迪奥新风貌（New Look）小礼服

第二次世界大战后，小礼服有了巨大的转变，款式也变得越来越开放，礼服的长度变短，领口变得更低，紧身并突出身材。战后的小礼服由于采用更多的反光亮片和闪亮的刺绣变得更加引人注目和迷人，人们认为衣服越闪亮越好。在 20 世纪 40 年代末，克里斯汀·迪奥（Christian Dior）第一个提出用“小礼服”这个词去形容当时的礼服潮流。1947 年 2 月 12 日，迪奥推出著名的“New Look”（新风貌）系列，肩线窄而柔美，为了突出胸部的丰满，细腰成为剪裁的重点。二战时期的直裙化作蓬起的长裙，离地面距离约 20 厘米，并且以圆形帽子、长手套、肤色丝袜、细跟高跟鞋等营造出纤美的女性气质。具有“New

1 2 | 3

1. 小黑裙。
2. 迪奥新风貌小礼服。
3. 一件式紧身裙。

Look”风格的大圆摆小礼服成为当时女性出席鸡尾酒派对的普遍着装。

一件式（One-Piece）紧身裙

One-piece 即“一件式”，是指上衣与下裙连成一体的一件式服装，也叫连衣裙，在很多场合中被誉为“款式皇后”。一件式紧身裙不仅能够轻而易举地勾勒出女性婀娜多姿的体形，而且不用费心搭配。一件式紧身裙的样式非常多，单领口就可以有无数种变化。如果觉得裙子太单调，一根皮带就能打破沉闷，凸显身体比例的同时，又增添了些许气质。

进化版小礼服彰显时尚风

小礼服可以说是礼服中变化最丰富的类型。在不同的时代，小礼服呈现出不同的面貌。例如，比起 20 世纪 50 年代，60 年代的小礼服就发生过巨大转变，色彩相对变淡，粉彩、银色和金色代替黑色成为礼服的主色调，礼服上的装饰品相对减少，裙身变窄。到了 70 年代吹起了休闲风，小礼服也被宽松的连衫裤和裤子所替代。80 年代休闲风过后，小礼服再次为大众所喜爱，通常是用绸缎作为面料并用蕾丝修饰。从 90 年代开始，小礼服更是百花齐放，除了最不会出错的小黑裙，华丽修身的吊带上衣、珠片装饰的直身裙、改良的旗袍、做工精良的裤装、皮草小披肩等都可以用作小礼服的设计元素。

常用的几种搭配方法

1. 中性元素彰显个性。近年来西装的应用非常广泛，晚间商务活动时，可以用西装来搭配吊带、有设计感的长裤、珠片裙等，但前提一定是西装要做工精良、面料讲究、有设计感。

2.小黑裙的广泛应用。在冬季，可以选择薄呢、精致的小羊皮制成的小黑裙，有珠片镶嵌，或配兔毛、狐狸毛作局部装点。

3.小礼服一定要讲究面料，最好有少许的光泽感。小礼服一般以短款为主，设计感强，颜色不限，可以搭配相应的配饰，也可以搭配皮草小披肩，衬托出华丽、高贵的气质。

穿小礼服的几种常见场合

商务酒会、客户答谢酒会

这是商务女性最常遇到的几种社交场合。我们说的酒会，常常是指西方的鸡尾酒会，只不过西方的鸡尾酒会一般会在下午五点至晚上九点间举行，只供应小食而非正餐。国内的商务酒会时间则未必会那么严格，也有可能会附带圆桌晚餐。同样，严格意义上的鸡尾酒会应该穿精致的小礼服，用皮草、镶珠和长手套等来装饰。现在的着装要求要宽松许多，但是基本的原则没有变，那就是：介于日间服装和晚宴服装之间，具有典雅、精致的风格。酒会主题一般为商务交流，以谈话、交换名片为主，你只需要穿着优雅得体、妆容正式即可。最忌讳的就是穿得性感招摇地大谈商务话题，会让人怀疑你在工作上的专业性。

公司年会、正式招待晚宴、慈善晚宴

如果参加正式招待晚宴、慈善晚宴等活动，正式的晚礼服一定少不了。有正式着装要求的公司年会也是这样。不过，国内的“正式晚宴”有些自己的特点——你以为需要很正式的着装，但到现场却发现自己的盛装打扮简直像个笑话。因此，款型正式、裸露度足够的及膝小礼服是比较保险的选择，但注意配饰、手袋与鞋款要适合晚宴场合。

高雅演出场合

在国内，看演出的基本着装要求是正式而优雅，基本的连衣裙足以应付，不需要穿露肩的正式礼服。千万不要穿便宜的吊带礼服裙，如果穿，也要加外套或披肩。因为裸露的手臂碰到邻座观众是一种失礼行为。

第 15 节
旗袍——属于中国女性的礼服

一袭高贵典雅的旗袍往往会成为派对或酒会中最独特的风景。穿着中式旗袍出入高端社交场合已经不是什么新鲜事。好莱坞著名影星、已故摩洛哥王妃格蕾丝·凯利很早就对中式礼服情有独钟，多次穿着旗袍式样的服装出席重大场合，盘扣和中式丝绸在她身上丝毫没有格格不入之感。张曼玉在电影《花样年华》中流露出的成熟女人的妖娆多姿，汤唯在电影《色戒》中演绎的 20 世纪 40 年代年轻女子的玲珑秀气，都让所有爱美的女人为之疯狂。女人的衣橱里怎么都少不了一件精致的旗袍。当然，并非所有的旗袍都适合晚宴场合，**细棉布的短款旗袍只适合在日常穿着，正式的商务晚宴场合应该穿中式礼服。**

穿中式礼服最忌模仿，如何改良，搭配得别致，并符合自身气质，才是最重要的。

礼服旗袍的风格、板型与面料

旗袍源于满族女性的传统服装，经过不断改进，于 1929 年确定为国家礼服之一。然而，在 20 世纪八九十年代却出现了一种具有职业象征意义的“制服旗袍”。很多礼仪小姐、迎宾小姐以及娱乐场所和

宾馆餐厅的女服务员都穿起了旗袍作为工作装。这类旗袍千篇一律，多用化纤仿真丝面料，色彩鲜艳，开衩很高，做工粗糙，实在有损旗袍在人们心目中的美好高贵形象，致使大家不敢贸然穿旗袍。

风格适宜

旗袍的京派与海派，代表着艺术、文化上的两种风格。海派风格以吸收西方文化为特点，标新且灵活多样，商业气息浓厚；京派风格则带有官派作风，显得矜持凝练。

板型合体

好旗袍首先是合身。由于每个人的身材都有自己的特殊性，而旗袍又是趋于紧身、抱合性强的服装，尺寸规格要求十分严格，尤其是胸围、腰围、臀围。因此，试穿时一定要观察“三围”是否贴体舒适，还要注意领子、衣身、袖子的长短

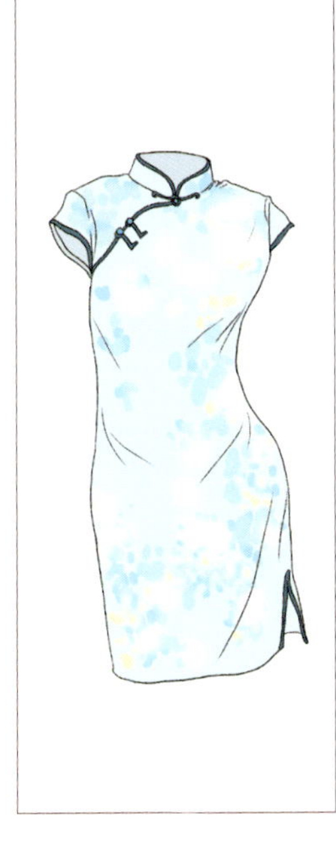

1 | 2 3 4 2. 如果身材比较高大，可以选有大花图案的旗袍。
3. 个子小巧的女性适合穿有小碎花图案的短旗袍。
4. 臀宽或腿粗的女性适合穿中长款或 A 摆旗袍。

与肥瘦等。

礼服旗袍最好量身定做。定制旗袍完全是量体裁衣，并可依照每个人的身材，取长补短，展现最佳的曲线，遮盖缺点。真正的手工旗袍，曲线自然圆润，针脚细密均匀，连绲边都非常服帖。手工制旗袍，最美的地方是可以依照面料的图案花样进行拼花，刺绣以及盘扣工艺也常常美丽得像是艺术品。

面料考究

夏季穿的旗袍，面料应选择真丝材质，质地柔软、轻盈不粘身、舒适透气。春秋季穿的旗袍，面料应选用各种缎和丝绒类材质，如织锦缎、金丝绒等等。这些高级面料制作的旗袍能充分表现东方女性的形体美，有利于展现华贵而高雅的气质风韵。现在，加入莱卡的新式面料也比较受设计师的青睐。纯棉印花细布、府绸、化纤或混纺织品等面料制作的旗袍通常只适合日常穿着，不宜用于礼服。

如何挑选一件合身的旗袍

很多人认为瘦人穿旗袍才好看，其实不然，这里说一些我个人的见解。所谓的旗袍身材，是指：**肩膀要溜**，端肩阔背的人穿旗袍会显得雄伟，缺少柔美；**腰细**，腰身太粗的人穿旗袍不漂亮；**臀形圆润丰满**；**脖子要长**，高领衬长脖，有一种娉婷的美；**胸部大小合适**；**个头适中**，过高过矮都会破坏旗袍的风韵。但我们也可以通过款式、面料、图案的选择找到适合自己的旗袍。

如果身材比较高大，可挑选衬有大花图案的旗袍，如牡丹花，以便相互补充。如果喜欢，也可以选择小花图案，但不要选静态浅色的图案，否则不仅不能穿出旗袍的风韵，还会突出自己的高大身材。

如果肤色较白，那么粉红色、蓝色是最好的选择，它会让你看起来具有温婉的古典韵味。如果没有白皙的肌肤，那么红色旗袍可以说是最好的选择。

比较年轻的女性，为了避免被误认作服务员的尴尬，还是不要穿过于传统的旗袍。改良式的中式礼服旗袍会在款式和色彩上给古板的传统款式带来出色的设计感，是不错的选择。

搭出中国风

发型

穿中式礼服没有特定的发式，但多数女性都喜爱把头发盘起来。干练的短发与高领旗袍相配也非常优雅，长卷发则更有旧时上海名媛的风韵。如果头发乌黑，头饰最好用带有水钻或锆石的闪亮饰品。

首饰

珍珠项链、玉镯是旗袍的传统配饰，但最新最时尚的配饰是小巧而璀璨的名表，和怀旧的旗袍碰撞出时代感极强的火花。如果以发饰为重点，其他首饰可相对简单一点，可以单手带一只玉镯。

妆容

穿中式礼服一定要淡妆，可以用纤长类睫毛膏和亮度较高的淡色唇彩强调一下眼睛和双唇。指甲油即使有颜色也要用透明度高的。

鞋子

穿礼服旗袍一定要配高跟鞋，因为旗袍配平底鞋看起来并不协调，只有配高跟鞋才能显出旗袍的高贵气质，而且必须穿丝袜，丝袜颜色多选择肉色。尽量不穿黑颜色的鞋子，如果有条件应该穿丝绒缎面鞋，亮光皮鞋应放在最后考虑。

第二章

BUSINESS ACCESSORIES

配饰篇

第 16 节 鞋——伴你职场走天涯

作为职业女性，脚上的那双鞋绝对不容轻视。鞋子虽小，对整体形象却有着很大的影响。所谓的“好鞋子”，一定要能保护双脚，让你走起路来既舒服又好看，并和你的职场角色相称，让你的整体造型无懈可击。

女人必有的第一双鞋是细高跟鞋。

成熟、妩媚的女性形象需要高跟鞋来打造，无论你的腿有多长、身材比例有多好，都必须拥有一双高跟鞋。但高跟鞋通常是用来穿一会儿而不是穿一天的鞋，白天上班时可以把高跟鞋用鞋袋装好放在车上或办公室里，临时有需要的时候再拿出来穿。

女人必有的第二双鞋是包头鞋。包头鞋鞋跟比较宽、厚，这种鞋适合走路、工作，站一天都没有关系，是最常见的职业装用鞋。

职场女性必备的几款鞋

简洁舒适的包头鞋

包头鞋指的是不带有包裹住脚踝的装饰或鞋带、露出脚背的女式皮鞋，脚背大部分袒露在外，容易穿脱。一般的鞋头都呈小圆形，适合搭配正装。**鞋跟约 2~3 厘米的简洁包头淑女鞋适合各种商务场合。露出脚后跟或太多脚趾的鞋以及包头拖鞋都不适合商务场合，**穿这些类型的鞋子无法提升你的公信力。也许你会质疑，别人真的会注意到自己的鞋子吗？事实是：会的。尤其当你到台上做报告时更是如此。此时，听众的视线刚好落在你的鞋子上。如果鞋子看起来很破旧、有磨损的痕迹，显得疏于保养，人们会明显地察觉到。

百搭的鱼嘴鞋

鱼嘴鞋是指鞋头顶端有一块鱼嘴形镂空，刚好裸露出一两个脚趾的设计，又叫露趾鞋。鱼嘴鞋属于比较百搭的基本鞋款，无论是搭配牛仔裤，还是高腰款吊带裙，或是深V领、蕾丝花边的小礼服，都是绝佳的选择。我个人特别喜欢在聚会时用它来搭配晚礼服，绝对加分。值得一提的是，因为脚趾需要露出，我每次穿鱼嘴鞋之前，都会去做一下足部护理，并涂上指甲油，这样搭配才会更加得体。

搭配商务休闲装的厚底鞋

厚底鞋是将普通款式的高跟包头鞋的前鞋底部分垫高的鞋子，也就是我们所称的“水台”。水台部分一般高 3~4 厘米。因为有水台的缘故，鞋跟再高，穿着也不会觉得很难受，所以很多个子娇小的女

1 2 3

1. 包头鞋。
2. 鱼嘴鞋。
3. 厚底鞋。

性会选择这种鞋，搭配牛仔裤、打底裤时能让双腿看起来更修长，穿雪纺连衣裙等商务休闲装时，也可以选择这类鞋款。

搭配裤装和长裙的平底鞋、懒人鞋

曾经是芭蕾舞演员专用的足尖鞋逐渐演变为平底鞋。不足一厘米的低跟，圆圆的鞋头，款式简单而可爱，非常适合搭配休闲装或休闲长裙。如今，平底鞋的款式更为繁多，近来比较热门的是轻便的圆头小皮鞋、罗马角斗士鞋和优雅大方的系带牛津鞋。而懒人鞋，顾名思义，是一种低跟、柔软皮革材质盖住足背的鞋子，穿起来很方便。懒人鞋适合搭配比较休闲的裤子。

打造干练造型的踝靴

长度至脚踝以下的靴子，圆形切面的靴口设计，与打底裤和露脚踝的裤子搭配很时尚，尤其适合搭配中性服装。

靴子长至脚踝。因为是紧绷设计，所以能显得小腿修长，适合在秋冬季搭配裙子时穿着，特别能遮住粗脚踝。

1 2

1. 圆头小皮鞋。
2. 踝靴。

挑选一双合脚的鞋

如何挑选一双合脚的鞋

挑鞋关键看楦型。提醒大家一个容易忽略的地方：尖头鞋并不代表鞋楦一定窄，而近年流行的复古圆头鞋或鱼嘴露趾鞋也不一定就适合脚宽的女性。不同品牌的鞋楦差异较大，只有耐心试穿，才能找到最适合自己的鞋。有一个挑选到合适的鞋的秘诀：**决定一双鞋是否合脚的关键在于鞋骨曲度，也就是从脚掌到脚跟连接处的弧度，它影响着身体移动时脚跟和脚背重心的落点**。这个曲度一定要流畅圆滑，且刚好能与你的脚弓相吻合。这样的鞋，即使有较高的鞋跟，也不会让你受累。

挑选鞋时还要注意，穿在别人脚上的漂亮鞋子，不一定适合穿在自己脚上。脚背厚，也就是高脚背的人，要避免选择浅口鞋，即鞋缘浅会露出脚趾缝的鞋款，因为这样的款式会压迫脚背，把脚背挤得很难看。脚面宽大的女性也不适宜选择鞋面全镂空并且系带过细的款式，应当选择一些半包的款式，可以遮盖比较宽大的脚面。

高跟鞋的选购秘籍

职场女性经常需要出席一些商务活动，高跟鞋属于必备款。如何选对你的高跟鞋呢？建议注意以下几点。

多查看：避免在看到高跟鞋的第一眼就购买，而应当慎重一些。通常我会多转几家，看看都有哪些款式。

多试穿：穿高跟鞋时，同样高的鞋跟，码数稍大些，感觉会更舒服。绝对不要买一双穿着感觉紧的鞋，因为这样会伤到你的脚。

鞋帮：在大多数情况下应当购买真皮制成或是布面鞋帮的鞋，真皮和布面能够伸展和吸汗，人造皮革不能让湿气充分排出，穿着会感觉捂脚。

鞋底：真皮的鞋底要比人造皮革鞋底贵，但效果的确不一样。当你在粗糙的路面行走时，厚鞋底会舒服一些，但是过厚的鞋底也会看上去很可笑，选购时应把握住分寸。

鞋带：通常情况下，鞋带是有好处的，它能够保证脚部安全，防止摔倒。踝带是穿高跟鞋的女性最好的朋友。踝带能够很好地帮助你在穿高跟鞋时保持平衡并走得舒展，尤其是长距离行走时。但是，需要注意的是，踝带不能系得太紧，太紧会妨碍足腱的伸展，也会阻碍脚部血液循环。

第 17 节
丝袜——商务女性的第二层肌肤

无论气温高达 40 摄氏度还是低到零摄氏度以下，女性在商务场合中穿着丝袜都是恰当的。这一礼仪规则起源于 20 世纪初，由于成衣的普及，女装的造型发生了突破性的变化，女士们也一改往日柔弱的外表，大大方方露出健美的小腿。因此，丝袜更加成为女性必不可少的配饰。

对于职业女性来说，丝袜还具有更深层的意义。中美信用联合（Mid American Credit Union）总裁吉姆·霍尔特（Jim Holt）认为，女性穿窄裙配丝袜比裸着双腿显得更专业。尽管这一观点遭到女权主义者的抨击，认为女性的着装不能由男性来决定，但有一点人们达成了一致：在非常正式严肃的场合，女性穿着品质上乘的丝袜，可以掩饰腿部的一些瑕疵，仿佛让双腿有了第二层肌肤，显得精致考究，给人一种视觉上的礼貌感。

一些长期从事站立工作的人，如宾馆、酒店的迎宾员、服务员，商场的导购员，空中乘务员等，由于腿部长时间处于较低的位置，容易出现水肿现象。穿丝袜相当于从外部给腿施加了一定的压力，可在一定程度上减轻腿部疼痛、肿胀及疲劳的状况。

挑选一双合适的丝袜

什么是高品质的丝袜

好的丝袜应与腿部高度契合。丝袜的松紧口或连裤袜腿根部的织法是辨别品质优劣的关键之处。

高品质的丝袜会照顾到穿着者的舒适感，同时确保与肌肤理想的贴合度，通过改变织法、加固或加精致的蕾丝花边等处理方法，能够防止丝袜下滑。一般来说，采用 100% 日本天鹅绒材质的为高档丝袜，平滑柔软，弹性极佳，无论是加厚型还是超薄型都十分耐穿。采用包芯丝材料制成的为中档丝袜，具有很强的弹性，还不易钩丝。普通的 15D 丝袜，虽然紧贴性、柔滑性不及前两者，但价格实惠。

商务场合首选透明肤色、亚光黑色丝袜

很多人都知道，用于谈判、会晤、高层会议等正式商务场合的丝袜，颜色非常重要。夏天可以选择肤色丝袜，避免有图案；天冷的时候则可以穿亚光的黑色丝袜。

肤色丝袜的好处在于低调，而且品位高雅，易于与服饰的颜色搭配。选择肤色丝袜时，应以手臂内侧而不是手背来测试丝袜的颜色，因为手背肤色通常会比腿部肤色要深。

黑色丝袜也很实用，当穿着深色服饰和黑色鞋子时，**黑色丝袜可以将服饰和鞋流畅地组合起来，易于表现整体的造型效果**。一般来说，透明的肤色丝袜易于强调和突出腿形和肌肤感，而黑色丝袜更有利于服饰的连接和过渡。

透明黑丝袜应在晚宴中穿着

不少人有一个认识误区，就是在白天穿着透明的黑色丝袜。这是不恰当的。高品质的透明黑丝袜最好留到晚上和正式宴会中穿着，因为除了透明肤色丝袜外，不透明的黑色丝袜才能给人留下专业、稳重的印象，适合日常商务场合穿着。而黑色透明丝袜多被用在展现女性魅力的宴会或正式的社交场合中。

彩色、镂花丝袜不适合职场着装

彩色或镂花丝袜可以给休闲装增加有趣的个性，适合年轻的女性，但最好不要与正装相搭配。对于优雅、成熟的女性，不建议在正式场合中选择过于新潮的丝袜。越正式的场合，丝袜的品质和透明度要求越高，款式也要求越简洁和传统。

慎选渔网、格子丝袜

渔网、格子或条纹丝袜，在穿着时需要格外慎重。穿着渔网袜会显得性感，却不免让人有恶俗的联想，淑媛们往往对此避之不及。在欧洲的一些国家，渔网丝袜甚至是性工作者的标志，而且网眼越大，表示所提供的服务项目越多。

格子和条纹容易在视觉上产生膨胀感，穿上极易让腿部缺点无所遁形。另外，纹路图案搭配的难度较高，别看T台上的模特能够轻而易举地将苏格兰格子袜穿得有型，其实这是对搭配功力的极大考验，一旦失手就会显得凌乱不堪。

25D 厚型丝袜代替秋裤

无论穿裙装还是裤装，我一般不会建议职业女性在冬天穿秋裤，但每个人的生活环境不同，我们不能为了美丽而牺牲健康。或许日本女性的穿着方式可以借鉴——用厚型丝袜代替秋裤。

丝袜的厚度是根据“旦尼尔（Denier）”来制定标准的，每一双丝袜的包装上都标注有多少“D”或多少“Denier”。“Denier”是纤维的密度单位。“D”数越高，就表示纤维的相对重量越高，厚度也随之增加。冬季可选用加厚保暖的天鹅绒丝袜，1600D 以上厚度的丝袜已经跟秋裤差不多了。如果含有莱卡材料，仅仅 25D 的丝袜就已经可以在冬天代替秋裤，它具有优秀的防湿和挡风效果，而且比秋裤更加贴身舒适和轻盈。

将丝袜穿出品质感

为凉鞋、鱼嘴鞋选配丝袜

穿凉鞋或鱼嘴鞋时，可以不穿丝袜，但应注意脚趾的整洁美观。非常正式的商务场合，尽量不穿这两类款式的鞋。一些比较时尚的晚宴场合可能需要穿凉鞋或鱼嘴鞋，建议选择无趾丝袜，它与传统丝袜最大的不同之处，就是这种丝袜顶端的开放设计，使脚趾自然裸露在外。丝袜顶端的安全防滑环与环口四周均含莱卡纤维，不仅保证舒适合脚，更令脚趾活动自如。

还有一种空气丝袜也很受时尚人士的欢迎。它是利用超微粒子粉末制作而成，使用时喷在腿部即可，能有效淡化、遮盖腿上的毛孔、色斑、血管和伤痕，不会褪色，当然，更不用担心钩丝。空气丝袜的超微粒子对人体的汗液和水分具有防护作用，能充分展现柔滑丝袜的效果，让人感觉更加清爽和随意，有细腻的裸足感受。

工作场合的裸腿装扮

对于日常工作场合是否一定需要穿丝袜的争论始终不断，年轻一代的职业女性以及时尚杂志的编辑、时装设计师等都十分钟爱衣裙下面裸着双腿的着装方式。**如果不是特别正式的场合，平时上班时裸腿穿裙是符合现代礼仪的。**但是有一点要注意，不穿丝袜时，双腿一定不能有明显的静脉血管和晒伤的痕迹。建议使用美体啫喱或身体遮瑕膏来掩饰腿部的瑕疵。如果时间比较充裕，还可以提前一两天涂抹一些使皮肤变成古铜色的美黑乳液，也能使腿部皮肤的底色更加均匀，使双腿显得纤细一些。

丝袜穿着小技巧

1. 将手指甲磨光滑，否则会刮坏丝袜。丝袜是很轻薄的，即使是防钩丝的袜子，如果指甲上有钩刺，也有可能把丝袜钩坏。

2. 将脚趾甲打磨光滑，并保持足部皮肤的光滑。最好手和脚都涂上护肤霜。

3. 将丝袜从开口处平展地卷起，直至脚尖的正确位置。把丝袜穿到脚上，从脚尖开始，一点一点将卷起的部分放开，穿至脚踝。

4. 调整袜尖与足根，使袜子与腿贴合、舒适。

5. 同一步骤，换穿另一只袜筒。另一只脚也穿至脚踝，然后两边交替慢慢向上边拉边放至大腿根部，这样可以防止钩破袜丝。

6. 将丝袜均匀穿至腰部，确定丝袜与腿部紧贴无间隔后，以双手将裤身部分撑开，并将其拉上至腰间。

7. 将袜腿部分稍作调整，如袜子有纹路则要对齐图案。

8. 穿好后，轻拉脚尖部分，使弹性分布更均匀，穿着更舒适。如果觉得裤裆不够长，应脱下重穿，切勿一味往上拉。

第 18 节
丝巾——商务女性的搭配游戏

丝巾一直是流行时尚不可缺少的元素之一。美丽的东西有一种独特的力量，它不仅可以让我们快乐，而且可以让我们更加宽容。所以，懂得得体佩戴丝巾的女人总会给人留下礼貌、柔和、愉快的印象。

选择适合自己的丝巾

成为选择丝巾的高手

春秋两季是最适合戴丝巾的季节。**挑选丝巾首先要选颜色，只要丝巾上的其中一种颜色与衣服的颜色一致即可。**将丝巾贴近脸部，看一看与脸色是否相衬。再从远处照镜子，观察丝巾与体形、服装整体感觉的配合情况，后背和侧面效果也不能忽视。然后再将丝巾整理成平时常用的造型进行试戴，这样就可了解这块丝巾所表现出的风格和效果。建议至少要有 90 厘米 ×90 厘米、45 厘米 ×45 厘米方巾各一条。90 厘米 ×90 厘米的方巾是最容易造型的尺寸，45 厘米 ×45 厘米的方巾更容易携带。现在，各大丝巾品牌还推出了 70 厘米 ×70 厘米的新尺寸，喜欢新鲜感的女性可以购置。

品质上乘最关键

丝巾的品质很重要，尤其在图案和印花的细节处理上非常讲究。我曾到丝巾的印染工坊参观，原来高品质的手工丝网印花，需要将十多种甚至几十种颜色分别层层套印，印花的精确性要求相当高。每种颜色都要准确无误地印在规定的位置上，每种颜色之间没有重叠、没有沾色，正反面色泽也应该相差无几。

此外，我们要再仔细看看丝巾的底布。丝巾最好是真丝的，应该厚而重，有一定的垂感，并有桑蚕丝特有的细腻、温厚、不耀眼的光泽。最后，要看一看丝巾的边，手工的卷边看起来会比机器卷边更有品质感，在这点上，爱马仕（Hermes）的丝巾自然是其中的翘楚。据介绍，一方 Hermes 丝巾的诞生需要经历 18 个月的精细制作周期。当然，如果能拥有如此精美宛如艺术品的丝巾，这些等待都是值得的。

根据肤色选择合适的丝巾

浅肤色

如果你的肤色较浅，属于比较苍白或粉嫩的类型，粉蓝色、暗粉色、淡柠檬色、浅桃色、浅金色和薰衣草色等清浅颜色的丝巾都是非常好的选择。大胆的颜色则应该尽量避免，因为它们会令肤色浅的人面色更为苍白。这类人头发和眼睛的颜色大多不太黑，皮肤较白，如果系了深色丝巾，只能显得老气而呆板。

深肤色

如果你有黑黑的头发和黑黑的眼睛，肤色偏深或略为黝黑，可以选择一些浓郁的颜色，譬如橙色、金色、深褐色、橄榄色，或者是浓郁而温暖的灰色，但是粉色、蓝色、黑色和白色则会使人看上去平淡无奇。

象牙色

如果你拥有象牙色的皮肤，则有很多选择，从浅到深，从象牙色、桃色、珊瑚色、金黄色、淡棕色到水绿色、明绿色、鲜蓝色再到正红色，都是可以的。

丝巾与衣服的颜色搭配

黑、白外套：搭配咖啡色、灰色的围巾看起来会不错。因为明度和纯度较高的颜色，搭配颜色太暗的丝巾会显得沉闷。但丝巾颜色也不能太夸张，色差太大会有不协调的感觉。丝巾的款式应简单，质感不必太厚。

黄色的衣服：黄色的衣服配上红色的围巾比较好看，可以形成鲜明的对比色。藏青色、深绿色、黑白条纹、纯黑色、深红色长丝巾都是不错的选择，比较有时尚感。肤色较暗的人，建议搭配黑白条纹的丝巾。

淡粉色的羊绒大衣：丝巾的颜色最好选浅色，如白色。如果大衣是短款的，丝巾可以选择深紫色，与淡粉色有比较强烈的视觉对比，但是在色系上又会很融合，不会有突兀的感觉。如果是长款大衣，除了深紫色丝巾，还可以选择亚麻质地的米色围巾加流苏。千万不要选择质地比较厚重的围巾，会使整体感觉臃肿。

米色及膝风衣：可以搭配黑色、红色、灰色丝巾，把注意力集中到上部，显得人更高挑些。

浅咖啡色上衣：搭配浅粉色、米色或者鹅黄色的丝巾都很好看。咖啡色是比较温暖的颜色，最好不要搭配黑、蓝、绿等冷色调，不太和谐。尽量选用明亮温暖的色彩来搭配。

如果裤子和鞋的颜色较暗，可以配大红色的丝巾。红色和咖啡色的对比会让人显得很有朝气，不妨一试。但如果裤子颜色很亮，要尽量选和裤子接近的颜色。一般来说，全身着装不要超过三种颜色，除非是同一色系的，才可以被接受。

浅灰色大衣：橙黄色或其他亮丽的颜色均可。试试红色系和粉色系，也可以试试亮色的彩条丝巾。

灰褐色上衣：可搭配红色丝巾，而且要比较正的大红色，深浅色搭配，层次感很强。如果肤色白，橙色的丝巾也不错。

用丝巾画龙点睛

巧用丝巾修饰身材

如果拥有修长的颈部，丝巾的各种系法尽可以大胆尝试。

脖子较短的人，对于丝巾的花色、质地和系法就要比较讲究才行。建议挑选质地薄一点的丝巾，不要将颈部遮盖太多；不要将丝巾结系在脖子上，要尽量系低一点，形成V字形，视觉上延长颈部；花色过杂或图案过大的丝巾也会使颈部看起来更短。另外，娇小玲珑的人应避免戴太大、太厚重的丝巾。

丝巾搭配小建议

1. 素色衣服搭配素色丝巾。可采用同色系对比搭配法，如黑色连衣裙配中性色系丝巾，整体感强，但搭配不慎会造成整体色彩黯淡。也可以采用不同色系的对比色搭配法。另外采用相同颜色、不同质感的搭配方式也不失为一种好办法。

2．素色衣服搭配印花丝巾。最根本的搭配原则就是丝巾上至少要有一种颜色和衣服的颜色相同或接近。

3．衣服和丝巾上都有印花时，搭配的花色要有主次之分。如果衣服上有方向性的印花，则丝巾的印花应避免和衣服的印花重复出现，同时也要避免和衣服的条纹、格子同方向。简单条纹或格子图案的衣服比较适合搭配无方向性的印花丝巾。

4．印花衣服搭配素色丝巾。可挑选衣服印花上的某一种颜色作为丝巾主色，或者选择衣服上最明显的一种颜色，根据这种颜色的对比色去挑选适合的丝巾。两种搭配方法效果都不错。

丝巾的几种基本系法

单边蝴蝶结

1．将长方巾对折。

2．再对折成 5 ~ 6 厘米的宽度。

3．拉住丝巾两侧围住领口，先打一个活结，自然垂落胸前。

4．再打一个单边蝴蝶结就即可。

干练领带结

这是一种融合了男性领带系法的丝巾系法。

1．将大方巾对角向中心点对折。

2．再次对折，成为长条。

3．围在脖子上，两端一长一短。

4．将长的一边放在右后方。

5．环绕短的一边至左前方。

6．再从下方拉至右方。

7．由上往下从洞中穿过。

8．拉出类似领带的形状。

9．调整到适合的长度。

蝉形宽领带结

1．将长方巾折叠成长条状，搭在脖子上。

2．将长端由后向前绕过短端后，由下而上从颈端穿出。

3．把长的一端由颈下穿出，翻出后把结盖住。

4．整理好位置即可。

第 19 节
腕表——职场品位的点睛之笔

不知你是否发现，职位越高的女性戴手表的比例越多。她们代表着知性的女性形象。为什么女人爱手表？手表不像珠宝那样璀璨，也不像服饰那样多变，追根究底，那是因为它的尊贵与风格无可取代。项链、手链、耳环有时可以随便买，偶尔戴戴假珠宝也无所谓，但手表是比较严肃的一款配饰，没有女人希望在手表上露怯。

腕表佩戴要素：得体和庄重

庄重的手表才够职业化

对于商务女性来说，工作中以佩戴庄重表款为主，品质为第一要素。有卡通图案或太花哨的手表款式属于学生时代。适合商务场合的手表一定要简洁、低调、计时精准，并能与职业套装相搭配。天梭、浪琴、梅花、欧米茄这些老牌手表的设计往往比较经典，适合专业人士佩戴。白色、银色、黑色或藏蓝色是基本的颜色。对于经常满世界“飞”的朋友，还应准备一款时区表，以备在不同时区间使用。

根据品牌选手表

手表是职场人士表现品位的点睛部分，品牌选择绝对势利，出身显赫的永远好过来历不明的。经济条件许可的话，卡地亚与劳力士都有千元美金起价的入门款式，古驰、欧米茄也有端庄大方的款式。

根据交往对象选手表

我们还可以根据交往对象来选表。记得有一次跟一位公关公司的朋友谈到这个话题，她认为“所戴的表要让对方感觉到愉悦”，例如与一位喜爱户外运动的客户谈合作时，最好选择运动休闲款式的手表，这样可以增强与对方的亲近感，还可以以此作为谈资，也算是投其所好吧。

根据场合选手表

出席重要的晚宴，我的经验是选择华丽款式的手表往往能达到较好的装饰效果。金色、银色、镶钻的款式都可以。当然，与高级华服相得益彰的表，无疑是珠宝表，例如卡地亚 Libre 系列，从宝石镶嵌到珐琅釉彩，从表盘雕纹到密镶工艺，每一只腕表都发挥了卡地亚在珠宝领域的精湛技术，将珠宝的精髓工艺展露无遗。是否选择这种类型的表可以根据自己的消费能力而定。

商务场合的戴表礼仪

佩戴手表应符合身份、职业和场合。应避免佩戴劣质表、卡通表和玩具表。

一般来说，手链与手表不可同时戴在一只手上，通常手链只能在左手上戴一条，不可多戴。

公务与商务场合佩戴的手表，除数字、品牌外，表盘上最好不要有任何图案，而且除了计时功能，这种场合的手表不需要有诸如移动计秒、潜水测深等其他功能。

金属表带的表链切忌过长，表链的松紧以可以插入一根手指为宜。太紧影响手腕活动，太松容易甩来甩去，产生碰撞。

不要把表戴在小臂中间，只要离手腕 8 厘米以上，看上去就像臂环。皮质表带要比金属表带戴得高一点，紧一点。皮质表带表款的正确佩戴位置是在手腕上方 3~5 厘米处，松紧以不上下活动为宜。

1 2 | 3 2.金属表带的表链切忌过长。

第 20 节
包——根据场合来选配

俗话说：“男人看表，女人看包。”包的作用对商务女性来说绝不亚于鞋。包不仅是女人出行必备的物品，更被上升到关乎个人品位的高度，要能够根据不同场合选择合适得体的包。

简单大方的手提包

中型或小型手提包是女性日间出席正式场合时使用的重要配饰，可作为通勤包使用。商务女性选择日常手提包的原则是：看起来大小适中但容积率一定要大，比如能装得下 A4 尺寸的文件，可肩背，放在地上时能直立。在颜色上，黑色、褐色、米色较好搭配。在选择这类包时，要考虑取放物品是否方便，颜色和内里是否耐脏，是否有过多的装饰物让你使用起来感到不便等。选购时，建议大家把日常用到的东西放到包里，背上肩或拎在手里感觉一下是否合适。

富有创意的公文包

女性朋友因为嫌麻烦，常常把给客户的公司

资料、产品等用手拿着，或用手提袋提着。专门置备放置笔记本、公司资料及产品的公文包的商务女性不是很多。为了你的专业形象和对公司和客户的尊重，准备一个适合自己风格且有创意的公文包是非常有必要的。

除非你是主管级，否则，露在外面的公文包应避免张扬的大名牌。公文包需要具备“实用”与“质优”这两个特点，大小至少要能装进 A4 大小的文件夹或小巧的笔记本电脑。一般来说，36 厘米长的包包比较合适。材质一定要轻巧、耐磨，尽量选择软牛皮或 PVC、高密度帆布。硬质包虽然挺括，但太像箱子且自重大，长时间携带会引起脊柱变形，对健康不利。

晚装包一定要“点睛”

除了平常用的包包，我建议每个女人一定要有晚装包。晚装包的主要特点是“点睛”，要的就是夺人眼球的效果。香奈尔 2.55 包、信封包、缎布包、珠包等都是晚装包的绝佳选择。如果你的年龄、身份适合，选一款香奈儿包很明智，它搭配服装的空间非常大，不论是上班穿的套装、休闲装或晚宴装，都能与之相协调。

晚装包的体积不能太大，以手包为主。我曾经在一次音乐会上见过一位带大包的尴尬女士，那个突兀的大包，无论放在哪里都觉得跟精致的晚礼服格格不入。如果带的东西确实太多，可以在大包里准备一个精致的手包，将贵重物品放到手包中，

1
2
3

1.2.3. 简单大方的手提包。

到了会场把大包寄存起来。

如何用好信封包

我常用的晚装包是一款芬迪黑色软皮信封包，比手包略微大一些，款式简洁大方，适用于大多数场合。托在手里弯起手臂看起来成熟干练，夹在腋下显得雍容华贵，有时候穿休闲装也可以带着，显得时尚而随意。这种包包用在休闲场合时，拿包的方式与姿态很重要：两手紧紧抓住包包，会让人显得拘谨，魅力大打折扣；随意而又干练地将包夹在腋下，或者用一只手轻松捏住包的上方，使之保持恰到好处的倾斜度，这种拿法才是“休闲与干练”风格的完美诠释。

4 5 6 | 4. 公文包。 5.6. 晚装包。

第 21 节 饰品——简洁精致才能画龙点睛

珠宝饰品永远是标榜和点缀时尚品位不可缺少的精灵，人们往往为之一掷千金。饰品的佩戴有着很多规则需要遵循，还受到诸如历史文化、民俗信仰、个人条件、时间地点、衣着礼仪等因素的约束。不得体的饰品佩戴，往往会显得失礼。

商务场合佩戴的饰品

无论佩戴的珠宝是真品还是仿制品，它都应起到装饰和点缀的作用，而不能喧宾夺主破坏着装的整体效果。工作场合不是表现个性的地方，一切配饰以简约为上，应避免佩戴夸张的戒指、长而大的项链等饰品。艺术性强、民族风格浓郁的首饰，能免则免。耳环也选择小型的为好。一般来说，珍珠、精致的金饰或铂金饰品是商务女性常用的，如珍珠项链、耳钉或水滴形耳环、单粒宝石戒指等。

职场女性怎样戴胸针

如果企业有自己的徽章，那么在办公室戴胸针就显得不够职业了。胸针既不能和徽章同时佩戴，也不能和项链尤其是带吊坠的项链同时佩戴，否则会分散他人的注意力，影响整体装扮效果。

佩戴珍珠是成熟女人的特权

相比钻石和金饰，珍珠更具有细腻典

雅的女性气质。过去，珍珠饰品大多用在晚宴场合，如今这种观念有所改变。日常商务着装加上一件珍珠饰品，会显得韵味十足。这份美丽不张扬，让人感到很舒适，这是经过岁月历练之后的成熟女性才具有的特质。

珍珠与灰色

黑色与珍珠搭配虽然很雅致，但黑色容易暴露身材的缺点，而珍珠搭配藏蓝色难免显得呆板。实际上，与珍珠搭配最和谐的颜色是灰色，灰色的中庸让珍珠的高贵显得平易近人。

珍珠与蕾丝

蕾丝与珍珠也是相得益彰的搭配。珍珠会增加蕾丝上衣的甜美与高贵，使成熟与优雅平衡得恰到好处。

珍珠与 A 字形大衣

充满复古气息的 A 字形圆领米色大衣，再加上一条双层珍珠项链，会让你宛若老电影里的法国女明星。注意露出修长的脖颈是整个造型的关键。

珍珠与便装

穿针织衫及休闲裤，可以用珍珠项链的叠戴增添女人味，错落的长度和款式会给整体造型增添韵律感。

要闪耀，首选细碎水晶

当选择闪亮吊坠时，由细碎水晶或琉璃组成的吊坠为最佳，因为在灯光的照射下，它将呈现出星星点点的光，而非大片大片的光，在白天也不会显得过于夸张。吊坠的造型最好是立体的，白天随身而动，夜晚则可从各个侧面反射光线。

饰品的搭配和保养

饰品搭配也需考虑色调

与我们的肤色、发色、服装颜色一样，饰品的颜色也有冷暖之分，大致可以分为四个色调。只有选择与自己肤色相吻合的饰品，才能搭配出和谐统一的整体形象。

浅金色调，如 18K 浅金色饰品、珊瑚粉或淡黄色珍珠、淡黄色水晶、象牙色饰品等。

深金色调，如亚光饰品，琥珀、玛瑙饰品，原木色、铜色以及各种自然色调的饰品。

浅银色调，如银、铂金饰品，淡蓝、淡紫等柔和色彩的水晶饰品，白色或灰色的珍珠。

深银色调，如藏银、泰银，红、蓝宝石，宝石蓝、黑、白等强对比色设计的饰品。

项链混搭的基本原则

最简单的混搭原则，是按颜色或材质进行分类搭配，如银色金属类或者金色金属类。混搭的项链中选一个作为主体，如吊坠最大最醒目的那一个。三五条项链戴在一起时，一定要长短错落有致，否则大小链坠盘踞在颈部看起来很累赘。

珠宝饰品需要定期清洗

无论你怎样精心打理自己的着装和仪容，表面污物已经结成硬痂的戒指或者严重磨损的表带都会让你前功尽弃。佩戴前检查珠宝饰品的带子、链子、扣钩和耳环的背扣是否完好，否则一旦这些部件断裂，那么所有人都要帮你到处搜寻散落一地的珠宝。

第三章

PERSONAL CARE

个人护理篇

CHAPTER 3

个人护理篇

第 22 节 头发——商务女性的形象标识

发型具有身份标识和导向作用。商务女性选择发型最重要的不是为了美丽，而是要明白自己现在最需要展示什么样的形象。

头发质感显露生活品质

头发给予女人的不仅是美丽，更是一种品位的象征，一种生活品质的标识。在商务活动中，我们频繁地与人接触，经常会留意到对方的头发是否干净、健康和美观，是否修剪得整洁。如果一个人的头发脏乱粗糙，在别人心中的印象就会大打折扣。所以，我建议职场中的女性朋友，务必要注意打理好自己的头发，因为头发的品质往往显露出一个人的生活品质。

较高的清洁度

我们从头到脚打量一个人时，首先看到的就是头发。所以，先不要说什么发型好看，首先要让头发干净起来。清洁度不达标的女人没有礼仪可言。保持清洁，短发一日一洗，长发两日一洗是非常必要的。

发质健康

健康的头发是最漂亮的头发，无论做什么发型，发质健康是前提。但头发的健康问题常常令很多人头疼，因为现代女性喜欢变换发型，不断地烫、染、吹，不断地“折腾”头发，忽视对头发的保养和修护，使头发变得毛糙、干枯、分叉，还常常会有脱发、头皮屑等问题。健康的头发是需要像呵护肌肤一样进行持续不断的护理的。

1 2 3

1. 圆脸适合的发型。
2. 长脸适合的发型。
3. 方脸适合的发型。

修剪有品

当然，找到适合自己的发型是为形象加分的重要元素。一个适合自己的发型设计要综合考虑头形、脸形、脖子的长短、身高以及个人气质和出席场合等多方面因素。换句话说，最适合你的发型就是完美的发型。

对于发量较少的女性，我建议：剪发时层次不要太高，这样线条比较实，有饱满的效果；不要留得太长，因为头发越长会显得发量越少；不宜定型，可以考虑烫发，使头发变得蓬松。当然，具体操作要根据个人情况而定。

对于发量较多的女性，一般来说，发型师会建议打薄，这是解决“多”的有效方法，但最好的解决方法还是靠层次来调节发量。

选择适合自己的发型

根据脸形选发型

在选择发型方面，脸形轮廓和职业特点是特别需要考虑的，切忌盲目模仿街头的流行发型。圆脸的人，发型可以采用四六偏分，这样可以使脸看上去显得窄一些。长脸的人，则可以采用三七偏分，或者还可以更偏一点，两侧的发卷尽量柔软蓬松，使脸看上去显得宽一点、短一点。脸形偏方的人，可以选择中分或四六偏分，头部正面的头发尽量松软些，露出耳朵以下的面部轮廓。

适合职场女性的发型

最适合商务女性的发型是优雅的知性发型，这种发型通常线条流畅，式样也很简洁，切忌夸张和叛逆。我见过很多职业女性为了追求干练的形象把头发剪成小男生头，失去了女性的柔美感。其实并不是只有短发才能表现出干练的职业形象，中长或中短的直卷发同样可以体现干练、知性的一面。

职场女性的头发不要过长。虽然飘逸的长发是许多女性所喜爱的，不过长度应该适中。过长的头发在低头整理资料或谈话时，容易因为垂落或甩发而使人分神，遇到刮风天时，也很容易乱成一团，建议挽起来或使用发夹、束发。

优雅的女性应尽量选择能衬托脸形的发型，如果有刘海也尽量露出一部分额头，不要完全齐眉遮住额头，避免给人阴郁的感觉。卷曲的头发能增添女人味，不妨把头发烫得微卷。

卷发为职业形象增加柔和感

将头发下部烫得微卷，这样既能为偏硬的职业形象增加一些柔和感，又能在出席商务活动时更容易地快速造型。

两颊较宽、气质成熟的女性适合轻柔的微卷，不要破坏原有发型的层次结构，给人清新利落的感觉。

气质典雅的现代淑女可以将头顶部分和刘海保持直发状态，齐耳下的头发烫成丰盈的大卷，塑造卷中有直、直卷搭配的现代发型。

圆脸、前额较窄的成熟女性可以选择服帖的刘海和大波纹的卷发，散发出迷人的成熟气质。

为了使头发的卷度保持得更长久，最好用手代替梳子梳理头发。因为密而规则的梳子，容易将头发梳直、梳断，而用手打理，头发就相对有弹性得多。如果能配合使用专业的烫后洗护产品就更好了，既可以修护发质，又能使发质更柔顺。

发色与肤色的和谐之道

亚洲女性的发色大多是自然黑或棕黑色，而肤色多半偏黄。虽然黑发具有很美的东方气质，但沉重的颜色会让很多女性的脸部看起来缺乏生气。**染发可以增加头发层次的清晰度和亮泽度，能让五官一下子立体、生动起来。从某种角度讲，色彩对人视觉的影响远远大于款式。**

如果肤色比较白皙，可选择的染发颜色就很多，如金棕色、亚麻色、栗色等，可以让脸部呈现出明亮感。

如果肤色较深，适合的色系有红色系与紫色系，红色系可以中和皮肤中的绿色调，使暗淡的皮肤光鲜起来；紫色系可以中和皮肤中的黄色调，也能将肤色衬得更明亮。

如果是为了遮盖白发，那么黑色系或深棕色系是最好的选择。

相对保守的职业，如公司白领、职业经理人、教师等，可以选择接近发色的深色，如深棕、深栗、蓝黑、棕褐、暗红等相对接近自然色的颜色，深色的挑染也不错，比较富于生气和变化。

修剪是最好的护发

对头发最有效的护理方法就是经常修剪。但要注意，很多人尤其是留长发的女性，常常会在头发分叉后自己剪掉分叉部分，认为这样就可以了，结果发现很快又会出现新的分叉。要防止头发干枯分叉，最好的方法是在头发分叉之前采取预防措施。应每隔 6~10 周找发型师修剪一次，不要自己操作。容易分叉的头发还应尽量避免使用吹风机，如果实在需要，也应在吹风之前尽量把头发擦干，头发爱分叉的人可以使用柔软的阔齿梳从头皮梳向发端，这样可以将头皮中的天然油脂带到发端，减少头发的分叉。

第 23 节 肌肤状态反映精神状态

肌肤状态可以反映出一个人的精神状态及生活素养。健康美丽的肌肤，无论从视觉或触觉上，都能给人一种充满生命活力的美感；粗糙、灰暗、有色斑和凹凸不平的肌肤多给人负面的感觉，甚至容易让人产生距离感和排斥感。女人的肌肤是女性身心修养、生活品质的反映，所以，女性对肌肤的护养已经不仅是挽留青春、保持光鲜的问题了。

护理、保养双管齐下

良好的肌肤状态应该满足“湿、滑、紧、弹、色”五个标准，即“湿润、光滑、紧致、有弹性、红润”，也就是说，满足这五个条件的肌肤才是理想的美丽肌肤。

真正的皮肤护养分为护理和保养两个方面，护理和保养角度不同，护理重在外，保养重在内。护理需要把握防晒、清洁、肌肤运动、化妆品使用等四个主要环节。保养则重视内调、运动、营养、心理四个要素。了解和掌握这四个环节和四个要素，并掌握正确的保养方法，才能有效地护养肌肤。

要想肌肤好，防晒最重要

由于空气的污染、大气臭氧层的不断被破坏，紫外线带给肌肤的伤害日趋严重，加强防晒措施，采用科学合理的防护方法是每个女人护肤的第一要事。选用能同时抵御 UVA 和 UVB 的双重防晒产品，并在正常的洁肤、爽肤、润肤程序后使用。油脂分泌过旺的人，有必要先使用控油产品，然后再使用防晒产品。防晒品应在出门前 30 分钟涂抹，以使防晒品更好地附着在皮肤表面，发挥防晒作用。

洁肤比保养更重要

从专业美容的角度说，洁肤是继防晒之后的第二大核心养护步骤。洁肤有三个方面的功能：一是清除附着在皮肤上的污垢、尘埃、细菌等；二是清除人体分泌的油污、汗液和老化的角质细胞；三是彻底清除皮肤上残留的化妆品。

中午再洗一次脸

每天正常的洁肤次数最好为三次，除早晚之外，中间应增加一次。一天中，应在下班后增加一次洁肤，这样可以尽快清除在工作环境中沾染上的各种污物，这是保持肤质靓丽的一个秘诀。此外，户外商务活动之后，还应该适当增加洁肤的次数。当然，洗脸的次数多少还要考虑个人的肤质、年龄和季节等因素。干性、敏感性肤质和年龄偏大的人，应适当减少洗脸的次数，并慎重使用具有去角质功能的洁面品。

洁肤时一定要细心和轻柔，特别要避免过猛的清洗动作，避免习惯性的搓、扯、擦。温水是最适宜的洁肤用水。洁肤过程中不宜使用热水或凉水，不过洁肤之后可用冷水放松和刺激皮肤，促进血液循环。

深度清洁慎重而行

皮肤由表至里可分为表皮、真皮和皮下组织三层结构。与清洁关联密切的是皮肤的表皮，表皮又分为五层，最上面的一层是角质层，这是一层老化的细胞，深度洁肤指的是对这一层的清洁。角质层的代谢周期平均为 28天，清洁角质层可使皮肤光滑细嫩，但也最容易造成皮肤组织的损害。因此，深度清洁要非常谨慎，最好在专业美容师指导下或在美容院中进行。

面部按摩助你留住青春容颜

每天坚持 2~3 分钟的面部按摩，可以促进血液循环，加速新陈代谢，有效地防止皮下脂肪层松弛和老化。面部按摩要求手法稳定，部位准确，动作要灵活、刚劲、柔和，力度要适中，快而有序。脸部按摩时间要视皮肤状况和年龄来定，干性皮肤多按摩，油性皮肤少按摩。通常，每天按摩只需 2~3 分钟即可。如果到美容院做专业按摩，油性皮肤按摩 5~10 分钟，中性皮肤 10~15 分钟，干性皮肤 15~20 分钟，过敏性皮肤最好不按摩。

用面膜来救急

卸妆后用睡眠面膜敷面可以使保养事半功倍。大量紧张的工作后，许多女性会感觉自己的皮肤很干燥，即使晚上做了保养，第二天的肌肤状态还是不理想。另外，化妆后的肌肤即使及时卸妆还是会有损伤。这时，可以在所有保养步骤完成以后抹上一层睡眠面膜，一边睡觉一边修复受损的肌肤，第二天的肌肤状态会变得很棒。

小细节凸显生活品质

去掉黑眼圈才有好气色

黑眼圈容易给人留下疲倦、精神不振的印象。很多职业女性由于生活不规律、过度紧张，导致微血管内血液流速缓慢，形成青色的黑眼圈。另外，由于年龄增长、日晒造成了色素沉淀，久而久之也会形成黑眼圈。黑色素代谢迟缓，以及肌肤过度干燥，也会导致茶色黑眼圈的形成。在这些原因中，其实最主要的原因是缺乏睡眠。过度紧张容易造成肾上腺功能耗竭，更容易生出黑眼圈。因此，调节生活节奏，提高睡眠质量，加强运动是必要的。此外，注意补水、清淡饮食以及内脏的排毒也很重要。

注意修剪体毛

对于亚洲女性来说，这也许不是太大的问题。如果体毛较重，就需要通过脱毛来保证皮肤的光洁度。

腋毛：无论什么季节，都应该保持腋下的光洁。可以用热蜡除去腋毛，根据毛发生长情况，一般2~3 周做一次。

腿毛：可以用热蜡除去腿毛，3~4 周做一次。

眉毛：每天化妆前都应该进行检查、修整。

唇周：如果你唇部周围有毛，最好用热蜡去除，漂白法毫无用处。

比基尼线条：一般女性平时不太注意这个部位，但如果需要穿比基尼，就一定要将大腿根部的体毛刮干净，保证穿泳衣时一点都不露出来。

第 24 节 令人好感度倍增的职业妆

粉底持久的秘诀

在商务场合素面朝天是不符合礼仪规范的。可以选择持久性较强的粉底、隔离霜或 BB 霜，将其少量涂在面颊、额头、下巴等部位，并均匀推开，手指上残留的粉可以涂抹在鼻翼或眼睛周围。化妆前薄薄地打上粉底是不易脱妆的秘诀。

根据需要涂腮红

如果希望给人甜美的印象，就在面颊最高的位置以打圈的方式涂抹腮红。**元气饱满的椭圆形腮红能够增加你的活力和亲切感**，粉红色、橘色、桃杏色都是很好的选择。涂抹时注意以颧骨为最高点，用腮红刷轻轻刷成椭圆形，不要有明显的边缘痕迹。

如果希望给人干练的印象，就沿着颧骨斜向涂抹腮红。因为“娃娃脸”在职场中的确有点弱势，容易给人难以担当重任的感觉。清晰的面部轮廓才是提升权威感的秘密之一。想让气色显好、皮肤有光泽，选择金铜色或褐色系腮红在颧骨的侧下方斜刷一点，就可以立刻体现出面部轮廓了。

清晰生动的知性眉

眉毛稍粗、稍浓看起来会比较知性。细眉、淡眉容易给人留下单纯的印象。一般来说，天生的眉形看起来最自然，因此不要过度修改眉形。只需要去除周围的杂毛，留下清晰生动的眉形即可。眉峰在黑眼球外侧与眼尾的连线之间；眉尾在鼻翼到眼尾的延长线上；眉头在与内眼角垂直的位置。眉色要与眼妆和谐，不要过深，最好选择发色与眼球色的中间色。眉粉、眉毛刷是让眉形显得自然的最好选择。

CHAPTER 3

118

个人护理篇

眼线还是保守一点好

在商务场合应避免画太粗的眼线，可以用填补睫毛根部的方式来描画内眼线，眼尾微微上扬，这样的眼妆明亮而利落。眼线颜色以黑色或茶色为宜。

睫毛膏要刷均匀

粘在一起的睫毛会给人留下不清洁的印象。所以商务场合最好选择纤长防水型睫毛膏，并使用睫毛刷将粘连在一起的睫毛刷开。

眼影要力求自然

正式的商务场合，最好避免烟熏妆或颜色艳丽的眼影。一般使用褐色系眼影，与肤色形成自然层次。下眼头位置可以用点儿灰白色，使眼睛显得更加明亮清澈。微微的珠光光泽能增加眼神的锐利度，但切忌大面积涂抹，否则容易有肿泡眼的感觉，最宽范围不要超过 7 毫米。

1 2 3

补妆的步骤。

1. 用吸油纸按压吸去浮在脸上的油。

2.3. 仅在 T 字部位或面颊处补粉。

CHAPTER 3

个人护理篇

每个人喜欢的香味并不一样，在这里列出具体的香水名称毫无意义。按照你的本性去选择属于自己的香味吧，注意一点：不要选择香味浓烈的化妆品、护肤品和护发品，这些香味和身上香水的味道混合起来可能很难闻。可以把化妆品、护肤品换成无香味的产品，这样更能突出你的主打香味。

另外，多数女性都拥有“自己的香味”。如果你是职场新人，避免使用和上司或前辈相同的香水才合乎礼仪。

选购香水的注意事项

购买香水最好在上午，因为上午嗅觉比较灵敏。准备几块小手帕或丝绒布，用来试洒香水，以便你在当场无法决定时，回家后还可以再仔细闻闻。穿上你最喜欢的得体衣服，便于有经验的导购根据你的形象、气质推荐适合你的香水。不要试闻多款香水，那样鼻子会产生疲劳感，所以最多只能试闻五种香水。先闻一下洒过香水的手帕或试香纸，如果能引起你的兴趣，可在手臂内侧试用，感受香水与皮肤结合后真实的气味。然后，离开柜台走一走，让自己有足够的时间去体验香水的前调、中调和后调，最后再决定是否购买。

香水的使用之道

喷洒香水的方法

喷洒香水时，把握住一点：不要浑身上下喷满香水。不同的香氛类型，需要用不同的喷洒方法。香精是以“点”的方式喷洒，香水是以“线”的方式喷洒，淡香水是以“面”的方式喷洒。总之，香氛的浓度越低，喷洒的范围越广。

点喷法

首先将香水分别喷于左右手腕静脉处，双手中指及无名指轻触相对手腕静脉处，随后用沾有香水的手指轻触双耳后侧、后颈部；轻拢头发，并于发尾处停留；双手手腕轻触相对的手肘内侧。将香水喷于腰部左右两侧，左右手指分别轻触腰部喷香处，然后用沾有香水的手指轻触大腿内侧、左右膝盖内侧、脚踝内侧。

喷雾法

喷香水时，喷口与身体保持 30 厘米的距离，这样可以使香水喷洒均匀，而不是集中在某一处。

不要直接对着肌肤喷洒，尤其是会直接暴晒的部位，如脸部、脖子等。香料碰到阳光中的紫外线时，会产生化学反应，容易使皮肤过敏、起斑。注意也不要直接喷洒在白色的衣服上。

喷洒的过程是先喷手腕再喷全身，注意要少量多处，平均而薄薄地喷在身体各处；然后用无名指把香水轻轻推匀。香水需要依赖无名指来柔和、苏醒，具体做法是用无名指轻轻地在各个地方按压两次。

将香水喷洒在体温高的部位效果比较好。一般来说，身体内侧比外侧体温高。另外，香气向上升，喷洒在下半身比喷洒在上半身更能获得理想的效果。

用餐时应喷在腰以下部位

用餐时，如果身上散发出浓郁的香味会干扰食物的香味，也会破坏进餐同伴的兴致。因此，如果准备赴宴就餐，建议先使用比较淡的香水，等到进餐完毕，再补充香味较浓的香精。注意喷洒在腰部以下，才能更好地控制香水的气味，这是基本的礼仪。另外，补喷香水虽然不像补妆那样过程烦琐，但还是建议到化妆室或休息室去完成，不要当众取出香水喷洒。

1 2 3
4 5 6

2. 将香水分别喷于左右手腕静脉处。
3. 双手中指及无名指轻触相对手腕静脉处。
4. 用沾有香水的手指轻触双耳后侧。
5. 用沾有香水的手指轻触后颈部。
6. 用沾有香水的手指轻拢头发，并于发尾处停留。

密闭空间慎用香水

在车厢、小型会议室、剧院等空气循环不佳的空间里不要使用气味浓烈的香水，最好喷洒一些浓度低、挥发性强的香水。

第 26 节
口腔健康——商务女性的形象新标准

我接触过许多年轻女性，她们青春、时尚，也很注重自己的仪态和举止，但是往往忽视了社交礼仪中一个重要的部分——口腔健康。

在日常与人交流时，**健康的牙龈、整齐洁白的牙齿会给我们的整体形象大大加分**。但据调查显示，我国成年人中牙龈出血的发生率为 77.3%，牙石检出率为 97.3%，龋齿发生率为 88.1%，牙周健康率仅为 14.5%。很多人存在口腔护理认识误区，认为口腔护理就是牙齿护理。其实口腔健康还包括良好的口腔卫生习惯、健全的口腔功能，以及没有口腔疾病。

世界卫生组织制定的口腔健康标准是：牙齿清洁，无龋齿，无疼痛感，牙龈颜色正常，无出血现象。健康的牙龈是粉红色的，无水肿，不出血，有弹性。

影响口腔健康的因素

红茶或黑茶

茶叶中含有大量多酚类氧化物，长期饮茶，会让牙齿变黄。研究发现，红茶中的茶多酚氧化物最高，黑茶其次，普洱茶、大麦茶中多酚氧化物含量最低。

个人护理篇

可乐

可乐的成分是糖浆和二氧化碳，喝得过多，会使糖分沉着于牙表面，使牙齿颜色变黑。有研究发现，如果每天喝 1升可乐，两年后牙齿表面的珐琅质会被酸腐蚀掉一半。在碳酸饮料中，深色的可乐对牙齿损伤最大，橙色汽水其次。如果要喝，最好使用吸管。

咖喱

咖喱的主要成分是姜黄，其含量超过了尼古丁中姜黄的含量，对牙齿颜色影响很大。姜黄对牙齿的染色作用几乎不可逆。如果你真喜欢咖喱，建议选择染色力最弱的绿咖喱，尽量少吃染色力较强的红咖喱和黄咖喱。

牙刷太硬

就清洁效果而言，硬毛牙刷比软毛牙刷好得多。但硬毛牙刷对牙齿的磨损较大，经常使用会损伤牙齿表面的珐琅质甚至牙龈。研究发现，食物的颜色更容易沉着在受损了的珐琅质上，因此，建议你准备软硬两把牙刷，每隔三天用一次硬毛牙刷，对牙垢进行彻底清洁。

洗牙过勤

世界卫生组织的牙科专家认为，**只要平时注意牙齿清洁，一般人每半年洗一次牙就够了，如果经常吸烟，则每年需要洗牙 2~3 次。**洗牙过勤，会使牙缝增大，牙部过敏，食物残渣和色泽反而容易附着在牙齿表面。一般来说，洗牙后 48 小时内牙齿较为敏感，尽量不要吃深色蔬菜，少喝红酒，以免产生色素沉着。

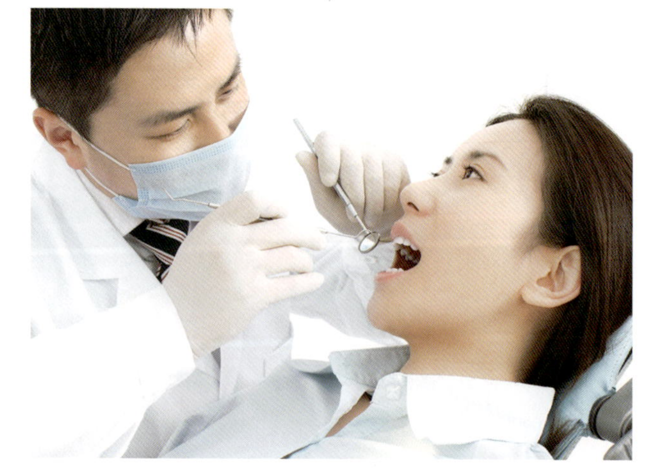

远离口气，保持清新

口臭是一种常见的口腔疾病症状，多由内脏积热和食物消化不良引起。女性朋友常患口臭的原因可以归纳为四点。

1．青春发育期的女孩由于卵巢功能发育不全，性激素水平较低，口腔组织抵抗力也会下降，口腔变得干燥，容易引起口臭。

2．日常生活中不能及时把体内的有害物质和毒素排出，也会引起口臭，因此要养成及时排便、多喝水、清淡饮食等习惯。

3．患有咽喉炎的女性也常伴有口臭。这类人经常会出现咽干、咽痛或咽喉红肿的现象，治疗咽喉炎即可解决口臭问题。

4．爱吃辛辣食物的人胃火大，也容易口臭。

防治措施：保持正常的起居生活；少吃零食，多吃蔬菜、水果和清淡易消化的食物，多喝水；坚持早晚刷牙，不长期使用一种牙膏。此外，建议长期熬夜者准备一瓶漱口水，及时清理口腔细菌。

第 27 节 手——职场女性的第二张脸

除了面孔之外，人体最频繁外露的部位要数双手了。通过手，可以判断一个女人的身份、修养和生活品质。如果不精心养护，他人会从你的手上看到岁月的痕迹、生活的烦琐。一双美手展示给人的不仅仅是视觉上的愉悦，更重要的是显示优雅的内心。我们常说“心灵手巧”，也正是这个意思。内在美要与外在美相得益彰，频繁与人接触、交往的职场女性，更是要注重手的清洁与养护。

精心护理你的第二张脸

洁净润滑是基本要求

一双清洁没有污垢的手，是对商务人士的最低要求。应保持指甲的清洁，指甲缝中不能留有污垢。平时洗手时，可以用小刷子刷洗指甲缝。比较顽固的污垢可以用指甲刀上配的扁头铁柄清除，或者用硬一点的纸叠出一个尖角，轻轻地沿着指甲缝挑出来，挑完后要及时清洗。有的人指甲内面发黄，可以用棉签沾上含有酒精的清洁用品进行清洁。

手部也需防晒

手背接触阳光的概率要比手心高许多，而且手背远没有手心耐晒，且日晒对手部的伤害是慢慢积累

的。白天涂抹防晒霜，晚上涂抹滋润护手霜应该是最基本的呵护。晚上涂上护手霜后，双手相互做按摩，从手背捋到指尖，再从指尖捋到手背，保养手部的效果非常好。另外，遭受阳光曝晒的指甲容易发黄、脆弱、折断，每次涂防晒霜时应顺便关照到指甲，也防止指甲干燥。

商务场合首选透明指甲油

指甲除了要修剪整齐并随时保持干净外，还可以选择涂一些透明、浅粉色、米色等保守一些的指甲油，让手部显得更优雅。太鲜艳的颜色或指甲彩绘、水晶指甲都会破坏职场女性的专业形象。每周至多涂抹指甲油 3~5 天，让指甲至少能自由呼吸 2 天。

保持指甲适中的长度

要经常修剪指甲，指甲最合适的长度是 1~1.5 毫米。指甲留得太长，容易积聚污垢，而且在活动时容易受伤；若剪得太短，紧挨着皮肉，就起不到保护指尖的作用，容易使指甲缝感染发炎。修剪指甲时，指甲沟附近的“暴皮”要同时剪去。特别需要注意的是，在任何公共场合修剪指甲，都是不文明、不雅观的举止。

影响形象的手部问题

粗糙的手

粗糙的双手给人的印象是勤劳、沧桑的，让人觉得你干了很多粗活。虽然不能说不好，但确实很难给人以美感。握手时，也会让对方感到不适。**注意平时不要用面霜代替护手霜，因为手比脸需要更多的滋润。应根据手部肤质的不同，选用不同类别的护手霜。**如含甘油、矿物质的润手霜，适合干燥肤质；含天然胶原及维生素 E 的护手霜，其中的果酸成分有较强的修复作用，适合因劳作而变粗糙的肤质。

接触洗洁精、皂液等碱性物质后，用几滴柠檬水或食醋水涂抹在手部，可以去除残留在肌肤表面的碱性物质，然后再抹上润手霜。另外，经常用含维生素 E 的营养油按摩指甲四周及指关节，可去除倒刺及软化粗皮。调理好日常饮食，平日应充分摄取富含维生素 A、E 及锌、硒、钙的食物。如果有条件，应去美容院做手部护理，去角质、按摩、做手膜，让双手焕发光彩。

冰冷的手

很多人都知道，握手时应保证手部温暖、有力，而不是冰凉、软弱无力。但有很多女性天生体质偏寒，尤其在冬季常常手脚冰凉。这种手脚冰凉大多与季节转凉、人体内阳气不足有关，只要内外综合调理，做好保暖工作，适当运动，注意饮食调养就能解决。

如果下定决心要摆脱手脚冰凉的问题，建议你不妨一早起来做做运动，健走是最佳选择。用比走路快、比跑步慢的速度，大步往前走，双手顺便甩一甩，走上 30 分钟，促进气血运行，全身就会暖呼呼的。

工作 40 分钟后，最好站起来走一走、踏踏步，工作中也不时地动动手指、脚趾，都可促进血液循环。

多汗的手

很多人错误地认为，手心出汗说明这个人在说谎，其实不尽然。在某些场合，有些人可能会产生紧张情绪，在紧张情绪的刺激下便会出现手心出虚汗的现象。这时如果用一只手去擦另一只手会让人觉得你非常焦虑。这时，可以去趟洗手间，将双手洗净并吹干。另外，很多人属于多汗体质，天气炎热时，总会有手心出汗的现象。在商务活动中，假如你属于手心容易出汗的人，就要多加注意了，因为没有人喜欢握住满是汗水的手。最好在包里常备一包纸巾，在和别人握手前先悄悄擦干自己的双手。

足部也要保养和修饰

经常穿高跟鞋的人必须要注意对足部进行精心护理。最好能每个月做一次足疗，可以去美容院做，也可以自己动手。足部护理的步骤如下。

1. 去除所有的残留指甲油，把脚浸泡在一盆热水里，最好泡 20 分钟左右。可以在水中加入一些茶树精油或白醋，有利于软化角质、杀菌。

2. 用指甲刀和锉刀修剪、锉平趾甲。

3. 去除足部死皮。可以使用软化角质层的乳液。

4. 用丝瓜瓤或浮石磨平脚上的老茧。

5. 分开每个脚趾。把纸巾折成长条状在脚趾缝间抽动，如果希望效果更好，就使用足疗专用的海绵。

6. 涂抹护甲油，变干后开始涂指甲油。如果是浅色指甲油，就涂两遍。等指甲油彻底干透后，最后涂上一层透明油。

第四章

BUSINESS ETIQUETTE

礼仪篇

第 28 节 目光——表情的核心

目光是面部表情的核心。在人际交往时，目光是一种真实的、含蓄的语言。“眼睛是心灵之窗”，一个人的目光可以透露出他的内心世界。**一个良好的社交形象，目光应是坦然、亲切、友善、有神的。**当和别人交谈时，有些人会带给你舒服愉快的感觉，而有些人则会给人局促不安之感，这往往都是目光注视带来的差异。因此，掌握目光注视的分寸和要领，在社交活动中尤为重要。

掌控好你的目光

注视的区域

目光注视的区间界限不是绝对的，谈话的双方应根据谈话性质的不同，选择更具体一些的注视区间。

公务注视区间

是指在进行业务洽谈、商务谈判、任务布置等谈话时目光的注视区间。这一区间的范围一般是以两眼为底线，以前额上部为顶点连接成的三角区域。

投射在这一区域的目光多是一种公事公办、严肃郑重、不含个人感情色彩的目光，它能够影响对方的情绪。主动使用这种目光的一方，将掌握交谈的主动权，所以常被企图处于优势地位的商人、外交人员、管理者采用。公务注视区间主要用于洽谈、磋商、谈判等正式场合。

社交注视区间

指人们在普通的社交场合中目光的注视区间，其范围是以两眼为上线，以唇部中央为顶点连接成的倒三角区域。

1 2 3

1. 公务注视区间。
2. 社交注视区间。
3. 亲密注视区间。

由于注视这一区域容易形成平等感，营造一种融洽和谐的气氛，因此常在茶话会、舞会、酒会、联欢会以及其他一般社交场合使用。注视这一区域，会让对方感到轻松自然，能比较自由地将自己的观点、见解发表出来。

亲密注视区间

指具有亲密关系的人在交谈时目光的注视区间，主要是对方的双眼、嘴部和胸部。

恋人之间、至爱亲朋之间注视这些区域能够激发感情，表达爱意，能将炽热的感情传达给对方，使对方体会到关切或热爱之情。“频送秋波”“眉目传情”都是形容这种目光饱含感情的交流。

注视的方式

自然、稳重、柔和

注视对方时，目光应是自然、稳重、柔和的。注视不等于凝视，不能死死盯住对方某一部位看，也不能不停地在对方的脸上、身上来回“扫射”，否则对方会觉得莫名其妙、不知所措。

聚精会神

心理学家做了这样一个实验：让采访者用三种目光与被实验者进行交流：“聚精会神、专注”的目光；“时看时不看、躲闪”的目光；“几乎不看”的目光。实验结果表明，被实验者把“聚精会神、专注”的目光列为对自己最有兴趣的表达，因而也对采访者产生好感，对他们的评价也最高。不敢用目光交流的人，常常被认为对对方不感兴趣，容易造成不必要的误解。

看着对方的眼睛

和人交谈时，要看着对方的眼睛，这是一种既礼貌又不容易感觉疲劳的方法。但这种注视绝不是逼视，逼视是失礼的，会使对方感到尴尬。正确的方法是，用目光笼罩对方的面部，同时辅以真挚、热忱的面部表情。注意在近距离的公共空间，如电梯、地铁等场所，应避免与人目光对视。

注视的时间有讲究

注视的时间长短也有讲究。从对方身上一扫而过是绝对失礼的，长时间死死盯着对方不放也是不礼貌的。在交谈中，目光交流的时间长短差异很大，最短的只占谈话时间的 28%，而最长的则占 100%，注视的时间长短取决于交谈的对象以及彼此的文化背景。

在整个交谈过程中，与对方目光接触的时间应该累计达到全部交谈过程的 50%~70%，其余 30%~50% 的时间，可注视对方脸部以外的地方，这样会显得比较自然、有礼貌。

交谈过程中可能出现双方目光碰巧对视的情况，这时应该自然地与其对视 1~3 秒，然后再缓缓移开。

一接触到对方目光就慌忙移开的做法会显得拘谨、小气。

目光背后有深意

学会运用不同的目光

见面时

不论是见到熟悉的人，或是初次见面的人；不论是偶然见面，或是约定见面，首先要正视对方片刻，面带微笑，表现出喜悦、热情的情绪。对初次见面的人，还应头部微微一点，行注目礼，表示出尊敬和礼貌。

在集体场合发言讲话

要用目光扫视全场，表示“我要开始讲话了，请予注意”。

与人交谈时

应当通过目光与对方交流，调整交谈的气氛。如果表示对谈话感兴趣，就要用柔和友善的目光正视对方双眼和嘴巴构成的三角区域，并不时将注意力放在对方双眼上；如果想要中断与对方的谈话，可以有意识地将目光稍稍转向他处。当对方因说错话而感到不好意思时，不要马上转移自己的视线，而要用亲切、柔和、理解的目光继续看着他。谈兴正浓时，切勿东张西望或看表，否则对方会以为你听得不耐烦，这是一种失礼的表现。

学会阅读对方的目光

在掌握并正确运用自己的目光语言的同时，还应当学会“阅读”对方的目光语言。从对方的目光变化中，分析他的内心活动和意向。交流时的目光大致可以分为以下几种。

直视型

直视与长时间的凝视可理解为对私人空间的侵犯，是很不礼貌的。直视对方会使人有压迫感。初次见面或不太熟悉的男性用这种目光看女性，会使女性感到很不自然，甚至产生反感。若女性用这种目光看男性，则有失稳重。

游移型

与对方谈话时，目光总是四处游移。这样的目光容易给人心神不定、不够坦率诚实的感觉，不利于双方的交流。

柔视型

直视对方，目光有神但不失柔和。这种目光，会给人一种自信和亲切的感觉，让人觉得这是一个善于运用目光、容易与人相处且有修养的人。

热情型

目光充满活力，给人以活泼、开朗和蓬勃向上的感觉。这种目光如果运用得当，可以使对方情绪渐涨，提高谈话兴致。但如果不分对象、不分场合，一味热情相望，也可能产生相反的效果。

他视型

与对方讲话时，眼睛却望着别处，容易使对方产生误解，是不尊重他人的注视方式。

斜视型

目光从眼角看向对方，这样的目光极为失礼，会让人感到被轻视、不够尊重和心术不正。

无神型

目光疲软，视线下垂，不时看向自己的鼻尖，这种目光透露出冷漠感，往往会使谈话的气氛降温。

第 29 节
笑容——留下好印象的笑颜秘诀

古希腊哲学家苏格拉底说："在世界上，除了阳光、空气、水和微笑，我们还需要什么呢？"在人际交往中，微笑同自然界的阳光、空气、水分一样重要。微笑能帮助你迅速缩短人与人之间的心理距离，为深入沟通与交往创造条件，促进彼此之间的感情交流。拥有一个灿烂的微笑，是一种非常重要的社会资本。

笑有微笑、大笑、冷笑、嘲笑等许多种，不同的笑表达了不同的感情。最被人欣赏和接受的笑是微笑。微笑是指不露牙齿或露出 6~8 颗上牙，眼睛明亮且含着笑意，嘴角的两端略微提起的表情。

发自内心的微笑是最美好的，人们的交往多是从微笑开始。与人交往时面带微笑，可以使对方感到亲切、热情和尊重，使自己富于魅力，也就容易得到别人的理解、尊重和友谊。

三大要素打造完美笑容

发自内心

在现代生活中，人们越来越认识到微笑对人际关系的调节作用，很多公司都对自己的员工强调“微笑服务”的重要性，甚至特别为此进行一些职业化的训练。但是，你有没有注意到，职场上或一些服务、窗口行业有越来越多的微笑是职业化的、僵硬的，甚至是毫无感情色彩的。

据说，世界上最迷人的微笑是婴儿般天真无邪的笑，因为这种微笑发自内心。微笑的实质是友善，是鼓励，是温馨。**发自内心的真诚微笑应该做到笑到、口到、眼到、心到、意到、神到、情到**。只有这样的微笑才能感动他人。

用眼睛微笑

在心理学上，微笑还分为社交式微笑和杜彻尼微笑。

社交式微笑也称应酬式微笑，是先由大脑有意识地发出信息，然后令相关肌肉运动而形成的，这种微笑短暂而浅显，主要牵动嘴角四周的肌肉。

杜彻尼微笑是真情的自然流露，是由潜意识直接传递而自动产生的。法国科学家杜彻尼最早发现这一现象，他认为欢悦的情绪会表达在颧骨肌和眼轮匝肌上。

社交式微笑可以被有意识地控制，杜彻尼微笑却只能由真实的快乐驱使。那些虚假的笑容无法引起颧骨肌和眼轮匝肌的运动。眼周的肌肉不会听我们的话，他们是情绪的真实传达者。热恋中的男女常常“喜上眉梢”而不自觉，正是这个道理。

杜彻尼微笑的特点，是微笑时面部颧骨肌肉和眼周肌肉都会参与进来，一般维持的时间比较长，而且是慢慢地消失。正如风靡全球的美剧《别对我说谎》中所说，如果假笑，眼角是没有皱纹的。

因此，我们在微笑时，要发自内心地笑，眼睛要带有笑意、放出光芒。有一个简单的检测办法：微笑着对着镜子，用手遮住嘴，看自己的眼睛是否在笑。

健康的牙齿

健康的牙齿是完美微笑的基础。

牙齿应该和你的眼白一个颜色。如果牙齿太白就会超过眼睛喧宾夺主。展露笑容时，嘴唇咧开的宽度应达到脸部宽度的二分之一或者露出上排 6~8 颗牙齿。**微笑时，最好把下排牙齿隐藏在唇内。所有外露牙齿应该整齐，没有明显的修补痕迹。**尽量少露出牙龈，如果露出，应在 2 毫米以内。牙龈的颜色最好是健康的淡粉色。

马上开始训练你的微笑

表情就如文字，可以传达我们的内心世界。这就是说，人的惊、喜、怒、悲、傲、惧等基本表情同人的其他素质一样，是由人的文化修养、气质特征等内在变化决定的。所以，也有人说脸部表情就是人生的一张履历表。

有一次，有人向林肯总统推荐一个人做内阁成员，林肯没有用他，理由是：“不喜欢他的长相。”推荐人认为：“这太苛刻，他不能对自己天生的面孔负责！”而林肯说：“不，一个人过了 40 岁，就该对自己的面孔负责。”有魅力的、能给人留下好印象的微笑，依靠自身的努力也完全可以拥有。

在微笑表情训练中，很重要的是嘴形。因为根据嘴形如何动、嘴角朝哪个方向牵动的不同，微笑也不同。面部肌肉跟其他的肌肉一样，可以通过训练达到动力定型。

1 2 3

锻炼唇周肌的步骤。

1. 张开嘴，使嘴周围的肌肉最大限度地伸张，保持这种状态 10 秒。
2. 抿嘴，使嘴唇在水平上紧张起来，保持 10 秒。
3. 慢慢地聚拢嘴唇到最小限度，保持 10 秒。

“面部”练习法

第一阶段：情绪准备

最美的微笑是发自内心的笑，因此在练习之前，应充分地做好情绪上的准备。我们可以设法寻求外界因素的诱导、刺激，以求引起情绪的愉悦和兴奋，从而唤起微笑。诸如，翻看使你高兴的照片、画册，回想幸福生活的片断，播放喜欢的乐曲等，以期在欣赏和回忆中引发快乐和微笑。

1 2 3

1. 小微笑。
2. 普通微笑。
3. 大微笑。

第二阶段：锻炼唇周肌

形成笑容时最重要的部位是嘴角。锻炼嘴唇周围的肌肉能使嘴角的移动变得更干练好看，也能有效预防皱纹。练习时应坐在镜前，挺直背部，尽量充分地伸展肌肉。

第一步，张开嘴，使嘴周围的肌肉最大限度地伸张，保持这种状态 10 秒。

第二步，抿嘴，使嘴唇在水平线上紧张起来，并保持 10 秒。

第三步，慢慢地聚拢嘴唇到最小限度，保持 10 秒。

重复做这套动作三次左右。

第三阶段：拇指辅助练习

第一步，双手四指轻握，两拇指伸出，呈倒八字形，食指关节轻贴颧骨附近。

两拇指指腹向上，放于嘴角两端 1 厘米处，轻轻向斜上方拉动嘴唇两角。

反复练习多次，观察并寻找满意的微笑状态。

第四阶段：形成微笑

在放松的状态下，不借助外力辅助进行练习。目的是使两边嘴角上升的程度一致，避免出现嘴角歪斜。

小微笑：把嘴角两端同时往上提。稍微露出两颗门牙，保持 10 秒之后，恢复原来的状态并放松。

普通微笑：慢慢使唇周肌肉紧张起来，嘴角两端同时往上提。露出六颗左右的上牙，眼睛微微含笑。保持 10 秒后，恢复原来的状态并放松。

大微笑：一边拉紧唇周肌肉，使之强烈地紧张起来，一边把嘴角两端同时往上提，露出十颗左右的上牙，也稍微露出下牙。保持 10 秒后，恢复原来的状态并放松。

第五阶段：修正微笑

1. 微笑时嘴角歪斜。

微笑时，嘴角两侧在不同高度的人很多。这时利用木制筷子进行训练很有效。刚开始会比较难，但若反复练习，两边嘴角就会形成习惯，形成干练而自然的微笑。

首先选用一根洁净、光滑的圆柱形筷子，横放在嘴中，用牙轻轻咬住，以观察微笑状态。注意，嘴角应对准木筷子，两边都要翘起，并观察嘴唇两端的连接线是否与筷子在同一水平线上。保持这个状态 10 秒。在这一状态下，轻轻地拿掉木筷子，嘴角继续保持刚才的状态。

用牙轻轻咬住横放在嘴中的圆柱形筷子，观察微笑状态。

2. 笑时露出牙龈。

笑的时候，露出很多牙龈的人也不少。这样的笑容显得很憨厚，但不符合职场中应展现的精明干练的形象。我们可以通过嘴唇肌肉的训练弥补这一弱点。

可以尝试各种幅度的笑，在其中挑选最满意的笑容。然后确认能看见多少牙龈。大概能露出 2 毫米以内的牙龈是比较好看的。如果希望在大微笑时不露出很多牙龈，就要给上嘴唇稍微加力，下拉一下上嘴唇。

平时生活中应做的表情功课

1．准备一面小镜子，通过照镜子来检查自己的表情。

2．出门前，作心理暗示如“今天真美”“真高兴”。

3．走路时，注意保持嘴角上扬。平时的表情能影响你给他人留下的印象，因此即使独自一人时也不可流露出不悦的表情。

4．经常唱歌，不论是大声唱还是小声唱，对面部肌肉的活动和情绪调节都有好处，对微笑训练也有好处。

第 30 节
站姿——自信从身体挺拔开始

站姿是静态的造型动作，是其他动态美的起点和基础。所以，一个人给他人的举止仪态方面的印象应该是从站立姿势开始的。

一个姿态端正挺拔的人，会散发出一种有精神、自信、健康的气息。一个弯腰驼背的人，则显得封闭、疲倦、不健康。从姿态上可以观察出一个人的生活模式、职业和心理状态。

站姿展现女人味

女士站立时，身体重心在两足中间脚弓前端位置，可以用小丁字步，即一脚稍微向前，脚跟靠在另一脚内侧，手自然下垂或腹前交叉。女性的双手在腹前交叠会显得亲和稳重，在胸下交叠会让下半身的视觉比例拉长，更显优雅。

正确的站姿

正确的站姿应该是：平肩、直颈，下颌微向后收，两眼平视。双手自然下垂，手臂自然弯曲。双腿伸直，膝盖放松，大腿、臀部稍向内向上收紧。

站立时，从正面竖看要有直立感，即以鼻子延长线为中线，整个身体大体呈直线。横看要有开阔感，即肢体给人以舒展的感觉。从侧面看要有垂直感，即从耳与颈相接处至脚踝前侧应大体呈直线，给人以庄重挺拔的美感。

错误的站姿

错误的站姿常表现为：腹部凸出的后仰姿势；没精打采

1 2 3 4 5 6

1.2. 正确的站姿展现女人味：女士站立时，身体重心在两足中间，用小丁字步，手自然下垂或腹前交叉。
3.4.5. 错误的站姿：探脖、塌腰、耸肩，双肘相抱，重心落在一条腿上，内八字步。
6. 靠墙站立法：背靠着墙，让后脑勺、肩胛骨、臀部、脚后跟都与墙呈点的接触。

的驼背姿势；探脖、塌腰、耸肩；双肘相抱，重心落在一条腿上；双手插在衣兜里，身体斜靠在某处，两眼左顾右盼。

在正式场合站立时，不能双臂抱在胸前或者两手插入口袋，也不能东倒西歪或倚靠其他物体。

每个人在潜意识里都有一个个人空间，若走得太近会使对方有被侵犯的感觉，所以在正式场合与人交谈时，不要与对方站得太近，应尽量保持一定的距离。

在正常情况下V字步 、丁字步或平行步均可采用，但要避免人字步和蹬踩式。人字步即俗称的内八字；蹬踩式指的是一只脚站在地上的同时，另一只脚踏在其他物体上。

养成正确站姿的技巧

运用想象

想高：想象自己的头顶悬着一根从天花板垂下的线，并有一个向上的拉力帮助你维持身体的挺立，记得收下巴。

想广：肩膀放宽，保持水平，放松、扩胸。

想收小腹：保持骨盆正确的位置，并强化腹肌。

避免僵硬

站立时，既要合乎标准，又要避免僵硬。肩部和手臂是决定站姿是否自然的关键。双肩应平正，微微放松，稍向后下沉。刚开始练习时，会因为肌肉紧张而导致肩头上耸，动作僵硬、做作，可以对着镜子多做练习找到感觉。

靠墙站立法

背靠着墙，让后脑勺、肩胛骨、臀部、脚后跟都能与墙面呈点的接触，这样就能体会到正确站立时身体各部位的感觉了。可以每天练习，比如每天靠墙站立 20 分钟，或者分时间段来练习体会站立的感觉。

商务场合的五种站姿

垂直站姿

即标准姿态。

1 2 | 3 4 5 6

1. 垂直站姿。
2. 前交手站姿。
3.4. 后交手站姿。
5. 单背手站姿。
6. 单前手站姿。

前交手站姿

身体直立。两脚尖略展开，一脚在前，脚后跟靠近另一脚内侧前端，重心可于两脚上，也可于一只脚上，通过重心的转移减轻疲劳。双手仍在腹前交叉。

后交手站姿

脚跟并拢，脚尖展开 60~70 度。挺胸立腰，下颌微收，双目平视，两手在身后相搭，贴在臀部。

单背手站姿

两脚尖展开 90 度，左脚向前，将脚跟靠于右脚内侧中间位置，成左丁字步，身体重心在两脚上。左手背后，右手下垂，成左背手站姿。相反站成右丁字步，背右手，左手下垂成右背手站姿。

单前手站姿

两脚尖展开 90 度，左脚向前，将脚跟靠于右脚内侧中间，左手臂下垂，右前臂抬至横膈膜处，右手心向里，手指自然弯曲，成右前手站姿。同样相反的脚位和手位可站成左前手站姿。

第 31 节 坐姿和走势——举手投足展现优雅风姿

坐姿

坐是一种静态造型，是非常重要的仪态，女士如果能保持端庄优美的坐姿，会给人以文雅、稳重、大方的美感。

正确的坐姿

在商务场合，我们需要表现出稳重、从容、谦和、有礼的风范，并且具有良好的文化修养和自控能力，以此来赢得对方的信任。所以，我们在入座时，不论当时心境如何、个性如何，都应当从礼仪出发，善于自我控制，做到轻重适度，为自己塑造良好的形象。

女士在转身后两脚应稍微靠拢一些，两脚成小丁字步，左前右后。入座时，两膝并拢的同时上身前倾，向下落座。若着裙装，应用手将后面的裙摆从上往下稍稍捋一下，不要坐下后再站起来整理衣服。

坐下后身体上半身稍微向前倾，背部不要靠在椅背上，手要端正地放在腿上，鞋跟要靠拢。

如果是面对面谈话，身体要稍倾斜而坐，双膝自然并拢，双腿正放或侧放，双脚并拢或交叠。有的女性喜欢将腿跷得过高，这样会露出衬裙，有损美观和风度。双膝也不要并得太紧，这会使人产生一种紧张、缺乏安全感的感觉。还有一点要谨记，那就是你再紧张、再心烦，也不要抖动双腿。

任何座位都不能坐得太深或太浅。坐得太深时，由于臀部及上身的重量与小腿的支撑点离得太远，坐下去时会引起小腿肌肉紧张，时间长了会很累。坐得太浅的话，又会使大腿的大部分露在椅面之外，使腿显得又短又粗。另外，深坐或浅坐，可以反映不同的心理状态和待人态度。深坐，表现出一定的心理优势和充满自信；浅坐，表现出尊重和谦虚。但过分的浅座，则有自卑和献媚之嫌了。所以，千万不要只坐在椅子的1/3处，这种坐姿会让人觉得你心情紧张、胆小怯懦。

错误的坐姿

即使是很舒服的沙发，也不宜靠在沙发背上。

正式场合跷二郎腿是有失礼仪的。

有的人喜欢把脚搭在桌子上，会给人傲慢无礼的感觉。

大腿并拢、小腿分太开也是不正确的坐姿。

双手夹在两腿中间，会给人没有自信的感觉。

1 2　1.2. 得体的二郎腿。

商务场合的七种坐姿

1. 标准式坐姿：即前述标准坐姿。

2. 前伸式坐姿：在标准坐姿的基础上，两小腿向前伸出，两脚并拢，脚尖不要翘起。

3. 前交叉式坐姿：在前伸式坐姿的基础上，右脚后缩，与左脚交叉，两踝关节重叠，两脚尖着地。

4. 曲直式坐姿：右脚前伸，左小腿屈回，大腿靠紧，两前脚掌着地，并在一条直线上。

5. 后点式坐姿：两小腿后屈，脚尖着地，双膝并拢。

6. 侧点式坐姿：两小腿向左斜出，两膝并拢，右脚跟靠拢左脚内侧，右脚掌着地，左脚尖着地，头和身躯向左斜。注意大腿、小腿要成90度，小腿要充分伸直，尽量显示小腿长度。

7. 侧挂式坐姿：在侧点式基础上，左小腿后屈，脚绷直，脚掌内侧着地，右脚提起，用脚面贴住左脚踝，双膝和小腿并拢，上身稍向右转。

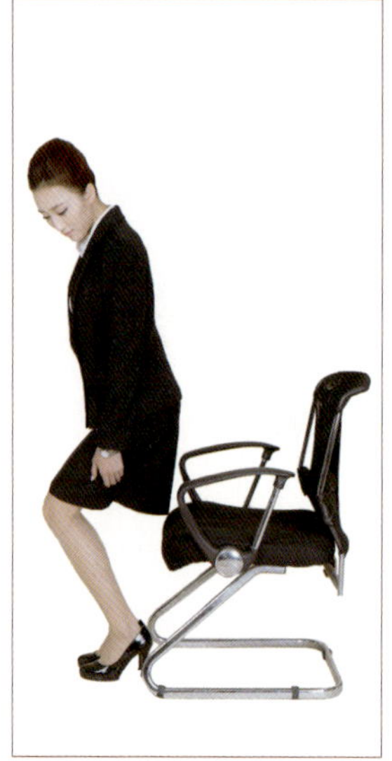
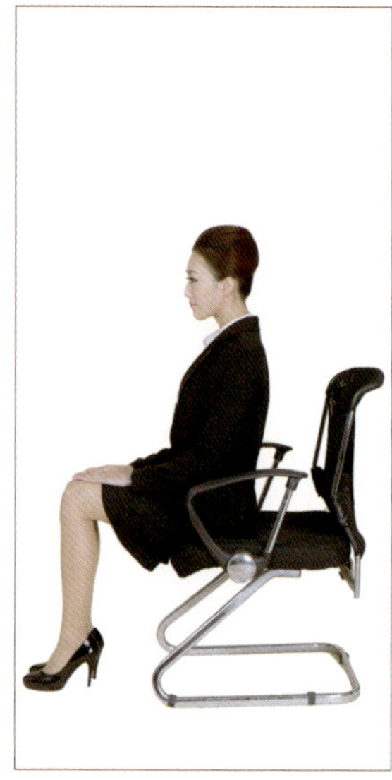

1 2 3 4
5 6 7

入座的步骤。

1. 两脚稍微靠拢一些，两脚成小丁字步。
2. 两膝并拢的同时上身前倾，向下落座。若着裙装，应用手将裙摆在后边从上往下稍稍捋一下。
3. 坐下后身体上半身稍微向前倾，背部勿靠在椅背上，手端正地放在腿上，鞋跟靠拢。
4. 曲直式坐姿。
5. 后点式坐姿。
6. 侧点式坐姿。
7. 侧挂式坐姿。

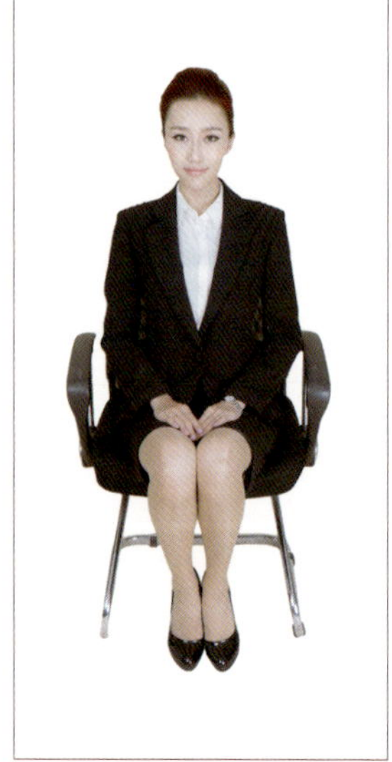

走姿

走姿是站姿的延续动作，是在站姿的基础上展示人的动态美。无论是在日常生活中还是社交场合，走路往往是最引人注目的身体语言，也是最能表现一个人的风度和活力的。

走路的时候，头要抬起，下颌微收，眼睛平视前方，表情自然平和。双臂自然下垂，以身体为中心前后摆动，手臂与身体的夹角一般为10度~15度。上身挺拔，腰部放松，脚步要轻并且富有弹性和节奏感，步幅与腿的长度相适宜，跨步要均匀，步速自然舒缓，会显得成熟、自信。

错误的走姿

扭腰摆臀，左顾右盼的走姿，会让人感觉扭捏、做作，不够端庄、大方。

两肩不平稳，走动时上下或前后摇晃，给人吊儿郎当的感觉。

过大的八字步显得笨拙、迟缓，无法体现商务人士的活力。

膝盖弯曲，脚步沉重或脚擦着地面走，显得疲惫、苍老。

走动时，双臂夹在身体两侧不动，会给人留下呆板、拘谨的印象。

穿不同鞋款的走姿

穿平底鞋时

穿平底鞋走路比较自然、随便，要脚跟先落地，前行力度要均匀，走起路显得轻松、大方。由于穿平底鞋不受拘束，往往容易过分随意，步幅时大时小，速度时快时慢，还容易因随意而给人以松懈的印象，应当注意避免。

穿高跟鞋时

由于穿上高跟鞋后，脚跟提高了，身体重心就自然地前移，为了保持身体平衡，膝关节要绷直，胸部自然挺起，并且收腹、提臀、直腰。这样能使走姿更显挺拔，平添几分魅力。

穿高跟鞋走路，把脚踝稍微向上抬一点，缩小步幅，脚跟先着地，两脚落地脚跟要落在一条直线上，像一枝柳条上的柳叶一样，这就是所谓的“柳叶步”。

有人穿高跟鞋走路时，用屈膝的方法来保持平衡，结果走姿不但不挺拔，反而因屈膝、撅臀显得非常粗俗不雅。有这种问题的人，要训练自己，注意在行进时一定保持踝、膝、髋关节的挺直，保持挺胸、收腹、向上的姿态。

鸣谢

封面造型：北京百立人教育咨询有限公司

封面化妆：任 立

摄　　影：贾云龙 马玉鸣

模　　特：林 珑

图片提供：东方 IC

服装提供：北京蓝地一族服饰有限责任公司 LANDI

中青时尚

穿出你的影响力
晓梅说高端商务形象
（女士篇）

穿出你的影响力
晓梅说高端商务形象
（男士篇）

全方位做女人
晓梅说美颜

晓梅说商务礼仪

晓梅说礼仪
（典藏版）

全方位做女人
晓梅说塑身

穿出你的品位

戴出你的格调

美好阅读

微信号
meihaoyuedu

有一条裙子叫天鹅湖

亲爱的，你要更美好

成就最美好的自己
黑玛亚身心灵美丽策划书

让我发现你的美
黑玛亚形象设计手记

我的衣橱经典
高端形象顾问的穿衣智慧

每个女人都有一颗爱美之心，追求美丽，是女人的天性。

美丽，也从来不是一件肤浅的事。

美丽，是一种人生态度，是一种生活方式，你怎样对待自己的容颜和身体，你也会怎样对待你的生活。无论处在人生的哪个阶段，女人都要对自己的容颜、身材、气质和心灵的丰盛负责。

中青时尚系列，专为追求美好品质的中国女性创立，我们力求选择一流的作者、一流的原创内容，题材涉及身、心、灵各个方面：美颜塑身，形象装扮，仪表礼仪，魅力修养，心灵成长等，以期通过这些美好的书，帮助女性朋友多方面、多层次完善成长。

我们也希望，这个系列，不仅仅停留在技术和知识层面，而是通过阅读，帮助女性朋友不仅懂得怎样去做，更能明白为什么要这样做；不仅掌握具体的扮美方法，还有助于塑造属于女人的世界观——身心灵内外兼修，做最美好的自己。

来吧，让我们一起开启这美好的阅读之旅！

中青时尚策划人　李凌

图书在版编目（CIP）数据

穿出你的影响力. 晓梅说高端商务形象（女士篇）/ 张晓梅著. —北京：中国青年出版社，2014.8

（张晓梅美育系列）

ISBN 978-7-5153-2463-0

Ⅰ. ①穿… Ⅱ. ①张… Ⅲ. ①女性—服饰美学 Ⅳ. ①TS976.4

中国版本图书馆CIP数据核字(2014)第109350号

穿出你的影响力——晓梅说高端商务形象（女士篇）

著　　者：张晓梅

责任编辑：李　凌　彭宇珂

整体设计：门乃婷工作室

出版发行：中国青年出版社

（北京东四12条21号　邮编 100708）

网　　址：www.cyp.com.cn

编辑部电话：010–57350520

门市部电话：010–57350370

承 印 者：北京顺诚彩色印刷有限公司

经　　销：新华书店

开　　本：880mm × 1230mm　1/20　　**印　　张**：8　　**字　　数**：120 千字

版　　次：2014 年 8 月北京第 1 版　　**印　　次**：2014 年 8 月北京第 1 次印刷

定　　价：45.00元

版权所有・侵权必究

本图书如有印装质量问题，请凭购书发票与质检部联系调换

联系电话：010–57350337